Markus, mach mal! • Markus Majowski

MARKUS MAJOWSKI

MARKUS, MACH MAL!

RUNTER VOM ROTEN TEPPICH, RAUF AUF DIE LEITER

Copyright 2021:
© Börsenmedien AG, Kulmbach

Gestaltung Cover: Daniela Freitag
Gestaltung, Satz und Herstellung: Timo Boethelt
Vorlektorat: Karla Seedorf
Korrektorat: Diane Kieselbach
Druck: GGP Media GmbH, Pößneck

ISBN 978-3-86470-800-8

Alle Rechte der Verbreitung, auch die des auszugsweisen Nachdrucks,
der fotomechanischen Wiedergabe und der Verwertung durch Datenbanken
oder ähnliche Einrichtungen vorbehalten.

Bibliografische Information der Deutschen Nationalbibliothek:
Die Deutsche Nationalbibliothek verzeichnet diese Publikation in der
Deutschen Nationalbibliografie; detaillierte bibliografische Daten
sind im Internet über <http://dnb.d-nb.de> abrufbar.

Postfach 1449 • 95305 Kulmbach
Tel: +49 9221 9051-0 • Fax: +49 9221 9051-4444
E-Mail: buecher@boersenmedien.de
www.plassen.de
www.facebook.com/plassenbuchverlage
www.instagram.com/plassen_buchverlage

Oktober 2021

Liebe Miriam,
lieber Mark.

Viel Spaß beim Lesen,
schmunzeln und lachen.

Euer MARCUS

INHALT

9
VORWORT

11
1. DER UHU ERWACHT

37
2. ZERSTÖRTES NEST

59
3. GOTT

79
4. DIE SEUCHE

129
5. DER ROTE ANORAK

VORWORT

Vorhang auf, Licht aus! Und ganz plötzlich wird die Welt eines Künstlers von der Pandemie überrascht oder platzt – radikal gesagt – wie ein Luftballon, der in Kontakt mit einer Nadel kommt. Aus mit der Kunst. Schluss, aus, Ende.

Es gibt kein Engagement mehr für die facettenreichen Künstler mit ihren bunten, erheiternden und feinen Programmen auf den Bühnen. Keine Premieren mit Prominenz aus Gesellschaft und Politik, kein Prickelwasser, kein Blitzgewitter, keinen Applaus. Jetzt ist es der Superstar Covid-19 mit Künstlernamen Corona, der auf allen Bühnen dieser Welt ein Solo mit Tod, Schrecken und Angst in verheerendem Ausmaß präsentiert.

Was passiert in einem Künstlerhaushalt, in der Welt eines solchen Künstlermenschen? Mein chaotischer Ehemann und Vollblutkünstler berichtet, wie wir uns komplett neu orientieren mussten, um zu überleben. Ganz nach dem Motto: willkommen in der Realität, raus aus der alltäglichen Komfortzone, hinein ins neue Abenteuer mit Ungewissheit, Ängsten, Anspannung und Erschöpfung.

Kamera läuft, es ist Covid-19, der Ruf eines neuen Regisseurs: „Alles auf Anfang und bitte!" Ein neuer Film wird gedreht. Wir spüren die Achterbahn der Gefühle, den Umbruch und vielleicht auch den Beginn einer neuen Lebensphase.

Die Konstante des Lebens ist davongehuscht, neue Ufer nicht in Sicht. Das Schiff Familie ist ohne Steuermann auf dem Ozean und wird vom Sturm hin- und hergerissen. Neue Koordinaten müssen her.

Und was macht Markus? Er baut sich seine Welt, wie sie ihm gefällt.

In Liebe, deine Invariable

DER UHU ERWACHT

„Eh du dich daranmachst, die Welt zu verändern,
gehe dreimal durch dein eigenes Haus."
(Chinesisches Sprichwort)

Und lass Gott rein! Ich bin Markus, von Berufs wegen Geschichtenerzähler. Ich erzähle von normalen, lieben, verzweifelten, albernen Menschen. Und mittendrin bist Du!

Die Geschichten in meinem Leben handeln von Zufällen, vom Hinfallen, vom Aus-der-Rolle-Fallen …

Unsere dreiköpfige Familie ist vor einigen Jahren überfallen worden. In unserer Wohnung in Berlin-Charlottenburg. Die haben den Garten verwüstet, unser Leben bedroht und uns die Luft zum Atmen genommen. Türen, die aufgebrochen werden, Räume, die durchsucht werden, und die Angst davor, dass deiner Familie etwas passiert, das sind Erfahrungen, die ich niemandem wünsche. Menschen, die so etwas schon erlebt haben, wissen, was ich mit der Wunde in unserer Privatsphäre meine. Wenige Menschen können am Ort eines Einbruchs weiter leben bleiben.

Wir sind ein halbes Jahr später umgezogen, zähneknirschend, und haben einen neuen, viel schöneren Kiez erobert. Als der Lockdown kommt, als alles noch schwieriger wird, müssen wir mit weniger, als wir gewohnt sind, klarkommen. Wir haben darin Übung, reduzieren auf das Wesentliche – das können wir. Aber der neue Kiez hat so seine versteckten, nicht unsympathischen Tücken, die dazu führen, dass nur langsam Ruhe bei uns einkehrt.

Im Herbst 2018 pendle ich wie so oft um diese Jahreszeit zwischen Berlin und einem Gastspielort hin und her. Wiederaufnahmeproben für die eine Weihnachtskomödie in Köln stehen an. Spannende Arbeit, spannende Kollegen, aber irgendetwas stimmt nicht mit mir. Ich fühle mich unklar. Etwas Ähnliches steht auch in dieser SMS, die ich von einem frechen Kollegen aus Düsseldorf bekomme: „Markus, sag mal, wir müssen uns den einen Auftritt in der dritten Szene morgen vornehmen. Das war letztes Jahr immer so ein Knackpunkt bei uns. Irgendwie ist unklar, warum wir da eigentlich zusammentreffen. Da stimmt was nicht." Ich antworte ihm mit einem Okay-Daumen.

Man könnte sagen, in meinem Beruf als Schauspieler bin ich durchaus erfolgreich – und dazuzulernen macht immer Sinn. Erstens wird damit meine Vergesslichkeit ausgeglichen und zweitens bleibe ich flexibel, wenn ich anderen zuhöre und ihre Anregungen ausprobiere. Das kann ermüdend sein, aber etwas Interessantes bleibt immer hängen. Selbst wenn ich vor Erschöpfung am Abend früher einschlafe, ist das in Ordnung, denn ich bin in meinen Träumen sehr aktiv, verarbeite Sachen, die nicht stimmen, und kaue auf so mancher Nuss herum, bis sie endlich geknackt ist oder ich sie weit von mir werfe.

TRAUMALARM

Also, ich träume viel und fühle mich dabei wach und lebendig – kein Wunder, wo ich mir doch auch tagsüber ständig den Kopf anderer Leute aufsetze, überall meine Nase hineinstecke und hin und wieder stolpere, während ich durch das Leben laufe. Ich schrecke oft hoch im Schlaf oder werfe mich von einer Seite auf die andere. Ja, ich kann überraschend schnell sein, trotz Bauch. Manchmal bin ich sogar sprunghaft. Alles durcheinanderzuwerfen und dann kreativ zu werden, wenn andere die Hände über dem Kopf zusammenschlagen, das ist mein Spezialgebiet. Manchmal geht etwas kaputt, versehentlich, versteht sich. Auch und gerade in der Nacht. Zerstreuzelung nenne ich das und ich weiß, ich bin durchaus ungeschickt. Beim Schlafen trage ich zwar keine Zipfelmütze, es sei denn, wir haben Winter und müssen Heizkosten sparen, aber ich bin durchaus gewillt, eine gewisse Ähnlichkeit mit der deutschen Nationalfigur, die kaum jemand kennt, einzugestehen. Bloß gut, dass ich nicht auch noch Michel heiße. Ich bin … ich fühle mich manchmal unsicher, ob man mir folgen kann, wenn ich mich so zeige wie jetzt.

Unsicherheit ist nicht schlimm, glaube ich. Außerdem kenne ich Dich und Deine Schutzwesen! Große Vögel, kleine Vögel, die stehen mir in der Not bei. Da ich oft in den Himmel schaue, sehe ich sie immer in Echtzeit. Manchmal habe ich das Gefühl, ich weiß, was als Nächstes passiert – und das ist ein bisschen unheimlich. Als ich mich kurz vor dem ersten Lockdown 2020 fragte, wie mein Leben weitergehen soll, wurde mir klar, dass es viele Möglichkeiten für mich gibt, vielleicht etwas völlig Neues, womöglich Unmögliches. „Ich warte nicht auf den totalen Zusammenbruch!", verkündete ich. „Mich juckt es in den Fingern. Ich will Action!"

Rückblende. 1997. Ich habe mich schon immer für Technik interessiert und ich verstehe, warum sich viele Menschen nach Sicherheit sehnen, herbeigezaubert durch technischen Schnickschnack: weil sie Angst haben. Angst vor Verlust. Es heißt, Angst sei ein Zeichen für Intelligenz. Da muss ich passen, weil ich nicht so genau weiß, ob Intelligenz mein Thema ist. Ich wollte jedenfalls nie meinen Komfort, meine Gewohnheiten und meine lieb gewonnenen Macken aufgeben und wollte bestimmt niemals nackt, arm oder verstoßen sein müssen. Ist das auf Dauer machbar? Mal schauen, antwortest Du. Ich fürchte mich definitiv oft und möchte diese Ängste endlich überwinden.

Als Erstes darf ich meine Angst vor dem Alleinsein loswerden und werde bereit für den ersten Schritt: Recherche! Ich nutze die technische Errungenschaft, das aufkommende Internet, und recherchiere, was für einen Mann in meinem Alter jetzt ansteht. Durch Reisen lerne ich viele Menschen kennen, heißt es da. Ich bin gerade 33 Jahre alt geworden und werde über Nacht bereit für Reisen und Abenteuer! Das Internet sagt, dass ich viel reisen werde, wenn ich zum Beispiel das Tauchen lerne. Dafür darf ich wiederum erst einmal meine Angst vor der Tiefe besiegen. Offenes Meer und hinein ins Wasser? Niemals! Aber Du flüsterst mir ins Ohr: „Mach mal!" Wie ferngesteuert bin ich ab jetzt. Tauchen! Von der Pike auf will ich alles über das Tauchen lernen. Notaufstieg, Strömung, Tiefe und Navigieren. Rettungstauchen mit und ohne Lebensrettung wäre schön. Und? Habe ich mir alles raufgeschafft, obwohl meine Alarmglocken klingeln bei dem Gedanken an Tiefe und Meeresgrund und Ungeheuer da unten. Unter mir. Ich habe meine Angst geschluckt. So was von schwer ist das und dehydriert darf man gar nicht tauchen – als ob ich es geahnt hätte. Denn ausgerechnet mir passiert so ein Notfall auf einem indischen Atoll, bei dem ich quasi ausgetrocknet noch an der Wasseroberfläche kollabiere. Im Anschluss habe ich eine lebenslange „Ich muss mehr Wasser trinken"-Macke. Vier bis fünf Liter am Tag! Das ist sogar gesund, wenn man viel Körpergewicht hat (habe ich, also sehr gesund)! Die Hauptsache ist, ich kann jetzt tauchen und reise durch die Welt. Und da ich bereit für eine Beziehung bin, erhöhe ich damit eindeutig meine Erfolgschancen. Frau jedoch zieht es vor, verborgen zu bleiben.

Drei Jahre später. Das richtige Leben ist, morgens früh aufzustehen und zum Drehort zu fahren oder zu Theaterproben, finde ich. Und gut ist, vorher zu frühstücken, draußen auch einmal Menschen anzulächeln und Carsharing oder Taxis zu nutzen, um zwischen den einzelnen Proben- oder Drehorten hin und her zu fahren. Ich liebe es, so zu leben: Geschichten erzählen, Künstler sein, zwischen meinen Kultur-Koordinaten hin- und herschaukeln. Doch viel öfter muss ich wohin fliegen. So wie heute. Mein halbes Leben ist ein geflogener Traum. Ich hänge meinen wolkigen Gedanken nach. Wenn jemand da oben „Spinner!" zu mir sagt, weiß ich, was gemeint ist. Das sieht man mir aber nicht an. Keiner sieht mir meine eigentlichen Gefühle an, denn ich bin nicht nur ständig auf dem Sprung, ich trage die Informationen zu meinem Charakter chiffriert mit mir herum.

Außerdem frage ich mich die ganze Zeit, warum ich im Urlaub vom Tauchen immer so müde werde und den halben Tag verschlafe – und was mir mein zerfleddertes Traumtagebuch, das ich seit Jahren hingebungsvoll schreibe, eigentlich sagen will. Ich komme so unendlich langsam dahinter. Wenn das so weitergeht, höre ich auf, darin zu schreiben.

Das mit dem Spinner passiert auch dann, wenn ich mich gerade richtig anstrenge und denke: „Jetzt geht es richtig los mit meinem Leben. Jetzt habe ich alles verstanden. Jetzt lasst mich bitte einmal alle hier durch, ich möchte loslegen!" Alle meine Muskeln sind in diesen Augenblicken angespannt, auch mein Po, und ich konzentriere mich ganz, ganz doll. Meine Therapeutin sagt, ich muss das lassen, das Anspannen. Lasse ich das aber weg, habe ich gleich wieder etwas vergessen und dann ist alles doof. Ich pendle oft zwischen verschiedenen Zuständen hin und her. Wach oder verträumt, blitzgescheit oder aus dem Mustopf, polternd oder einfühlsam, vielfältig oder mit Scheuklappen.

Manchmal muss irgendjemand das Wort Spinner nur denken oder ich denke, er oder sie denkt es gerade – schon werde ich rot und nestle an meiner Lippe herum, um selbstbewusster zu wirken.

Früher Morgen. Ich lebe in einer WG. Noch bin ich in der Wohnung, suche den Schlüssel und verteile mit meinen Trekkingstiefeln kleine Sandklumpen auf dem Teppich. Die Dielen knarren, der Schlüssel ist im Brotkorb, die Treppenabsätze knirschen. Und der Fahrstuhl bringt mich langsam ins Freie, während das Blech ploppt. Da denke ich an meine Traumfrau. Nicht zu groß, selbstbewusst, liebevoll und gebildet darf sie bitte schön sein. Der Fahrstuhl ruckelt und ich habe ein bisschen Angst, stecken zu bleiben, oder dass noch jemand zusteigt, der dann mit beißendem Gesichtswassergeruch womöglich neben mir steht. Unten angekommen klemmt die Tür und ich tue mir weh am Blech. Wieder ploppt etwas, egal, tief ausatmen und lächeln. So wage ich mich auf die Straße und denke: „Wann werde ich ihr endlich begegnen, meiner Traumfrau?" Heute wohl nicht, oder? Vielleicht doch! Heute ist der Tag, an dem mich meine Mitbewohnerin, die gute alte Schulkameradin, morgens unfreundlich beiseitegeschoben hat und kopfschüttelnd im Bad verschwunden ist. Ab sofort in „ihrem" Bad. Ich bin jetzt badlos. Aber ich war vor ihr im Bad und rieche infolgedessen sensationell. Ach, herrlich.

Als Kind stellte ich mir immer vor, jemand anderes zu sein. Ein Tigerbaby oder ein berühmter Rockstar. Vornehmlich aber bin ich in meiner Fantasie, meistens unter der Dusche, eine verruchte Rockröhre. Und wenn ich Musik höre von Nina Hagen, Jim Morrison oder David Byrne, dann bin ich diese berühmte Person wirklich. Ich singe die Texte gar nicht richtig mit, weil ich viel zu aufgeregt und enthusiastisch bin, um mir die zu merken. Ich singe einfach irgendetwas, irgendetwas Ähnliches, spüre den Jubel und sehe Tausende von vor Glück rasenden Menschen. Und ich genieße, dass sie mich sehen und hören und denken: „Das ist ja der Markus, der singt echt toll!" Die kennen eigentlich nur noch mich! Nina Hagen oder Pink Floyd, Genesis oder Carlos Santana gibt es gar nicht mehr. Jetzt bin ich da. Ich bekomme rote Wangen, wenn ich das spüre. Dann ziehe ich genau aus diesen Momenten Kraft für meine eigenen Sachen, die ich bald machen möchte. Gut riechen ist auf jeden Fall schon einmal eine gute Basis.

Zurück zu eben, Fahrstuhl, Haustür, Traumfrau. Tief ausatmen und ... Achtung! Hinter mir wird die Haustür aufgerissen, ein Jemand poltert auf die Straße. „Weg da!" Ein Wagen hupt mir ins Ohr. Ich reiße den Kopf herum und zerre mir, klar, den Nacken, falle unsanft in die Blumenanlage, glotze in die Sonne und höre eine Männerstimme. „Schon wieder Stress, Bella?" Mein Knöchel tut weh, der Nacken noch nicht. Einen auffälligen großen Wagen sehe ich gerade noch in der zweiten Spur, schon plumpse ich wieder zurück ins Blumenbeet. Und über mir, man glaubt es nicht, sitzt ein echter Uhu im Geäst und schläft. Seine Flügel zittern kurz. Er öffnet die Augen und schüttelt den Kopf. Wie schön. Ich habe einen Uhu geweckt! Ein Uhu ist etwas Ähnliches wie eine Eule.

„Warum gibt es für so etwas keine mobilen Alarmanlagen?", denkt mein Kopf. Da muss doch Alarm geschlagen werden, wenn so ein Mensch mit Kajal im Gesicht, bis der Arzt kommt, angesaust kommt! So oder so, der Wagen hat einen ratternden Motor, ist ungewöhnlich laut unter der schwarzen Haube. Drinnen sitzt ein vielleicht 60-jähriges Männlein im weißen Anzug, grinst mich an und stottert: „Ich ... hab ... Telekom ... Aktien." Ich versuche, zu denken. „Warum fährt der nicht weiter? Was wartet der noch?" „Ich muss zum Flugplatz!", denkt mein Kopf weiter. „Taxi! Taxi! Taxiiiii!" Sonst verpasse ich noch mein Lieblingsthema:

FILMALARM

Meine Taxifahrerin ist eine echte Dame. Das sind die besten in Berlin, Taxidamen. An der nächsten Ampel muss sie neben dem Kleinwüchsigen mit dieser Bella im Fond halten. Der schwarze Motor ist aus. Totenstille. Eine Tür steht drüben offen. Diese Bella von eben hämmert gegen den Vordersitz, ein Schrei jagt unterhalb ihres Kajals heraus. Sie reißt ihren Fuß hoch und drückt ihre kleine Wade an die Zwergenbacke. Der Fahrer verzieht keine Miene. Ich hingegen bin schwer beeindruckt, obwohl ich gar nicht nah genug dran bin am Geschehen. Die fiese Brandblase auf Bellas Wade sehe ich trotzdem – und schäme mich für meinen sadistischen Wohnungsnachbarn auf der dritten Etage. Der ist Pyromane und bestellt sich gern Mädchen auf die Stube, für was weiß ich. Mein Taxi legt einen 1A Kickstart hin und bringt mich nach Tegel. Hilde fährt seit 40 Jahren und ist zu Konversation aufgelegt. „Wissen sie, was man in den Zwanzigern in der Muddastadt gesagt hat, wenn einer im weißen Anzug kam?" Nee, Hilde, weiß ich nicht. „Da seht mal, ein Heiratsschwindler!" Hilde wiehert ganz sympathisch etwas Berliner Luft in den Äther. So, so, denke ich. Endlich sind wir da, am Otto-Lilienthal-Flughafen, auch Berlin-Tegel genannt. Das geliebte Rollfeld im Tegeler Forst. Die Hilde lacht zum Abschied noch einmal ganz Berlin wach und zwitschert: „Markus, Sie versüßen mir das Leben. Ich liebe Sie und Ihre Kulleraugen. Machen Sie bitte wieder mehr Fernsehen!" Und ich winke ihr nach. Schön ist es, auf der Welt zu sein, wenn ich nur nicht so eine Ahnung von meiner eigenen Unzulänglichkeit hätte. Kaum im Flieger hebe ich ab.

Mist, ich liebe meinen eigenen weißen Leinenanzug so sehr! Ich atme tief durch und denke an fürchterliche Unsitten in meiner Stadt. Brandwunden bei leichten Mädchen in Altbauwohnungen widern mich an. Die Wolken verschlucken den winzigen Flieger, diesen nach Plastikleder duftenden City Hopper.

Kurz bevor ich einschlafe, schrecke ich auf und gucke auf meinen digitalen Terminplaner. Da steht München für heute. Das hat Lutz da eingetragen, mein Manager. Da steht München. Oder war ich das? Das war ich! Ich war das. *War* ich das? Ich krame in meiner Tasche und finde beide Drehpläne. Den für heute und den für morgen. Heute ist Berlin und morgen ist München dran. Die sogenannten Tagesdispositionen zeigen immer deutlich, was gerade beim Film ansteht. Arschkarte.

Nach der Landung in München rufe ich die Berliner Produktion für meine eine TV-Serie an und flehe den Aufnahmeleiter an, mir den Regisseur ans Telefon zu holen, damit ich ihm von dem Malheur mit der anderen TV-Serie erzählen kann. Bernhard kommt und lacht und schimpft und lacht noch weiter, während ich längst weine. „Bleib, wo du bist, das können wir heute nicht mehr aufholen." Er nimmt meine beiden Szenen für heute vom Plan und grummelt leise: „Spinner." So ein Scheiß. Ich fahre zum Bayerischen Hof, muss ja heute nicht arbeiten, beziehe mein Zimmer und lege mich schlafen. 12 Uhr. Was drehe ich morgen? Und wann drehe ich das von heute? Der Fernseher läuft. Bevor ich wegdämmere, höre ich im Radio:

„Wer nur rumsitzt, neigt eher zu Depressionen als Menschen, die sich regelmäßig bewegen. Die drei L können der Schlüssel zu einem erfüllten Leben sein: Lachen, Laufen, Lernen. Wer oft lacht, lebt gesünder. Wer am Tag mindestens 12.000 Schritte an der frischen Luft läuft, lebt länger. Wer nie aufhört zu lernen, lebt bewusster!"

Mein Schlaf ist unruhig. Noch habe ich keine Beißschiene, die Rettung jeder Ehe, Partnerschaft oder Bettgemeinschaft. Das Knirschen entfacht das Schnarchen und das Schnarchen den Schmerz, denn das Ganze ist ein spiritueller Kreislauf. Wann beginnt eigentlich die tiefste Traumphase? Oder gibt es nur diese eine Traumphase, diejenige, die vom Unterbewusstsein gesteuert wird? Alles ist möglich, alles überdeutlich, ganz klar, wie immer bei mir im Schlaf. Ich schlaf doch so gern. Verstehste? Meine Augen sind ganz ruhig, als mich der Schlaf wie ein Blitz trifft. Ich blase in das Kissen – auf mich wartet immer ein eigenes Kissen in den Hotels, dieses Kissen hier zum Beispiel wartet in München auf mich – und mein Hineinblasen und somit mein Geruch sind, zusammen mit Dir, Anker und Leuchtturm für mich im Dickicht fremder Betten. Vielleicht eine Stunde vergeht. Dann kommt der Haupttraum, das ist jetzt die Primetime.

Meine Augen beginnen ihre schnelle Hin-und-her-Bewegung. Die REM-Phase hält Einzug. Ich träume wie Kino. Das ist meine Show. Da sind eine Theaterbühne, ein schwarzer Vorhang und ein kleiner Schlitz, durch den winzige Augen blicken. Kichern ist zu hören und Wimmern. Mein ewiger Traum, in dem der Lappen nicht hochgeht. Der Vorhang bleibt zu. Doch augenblicklich rennen Schauspielkollegen vor der Rampe auf und ab. Und da ist das Publikum, Menschen mit Gesichtsmasken, und die liegen quer über den Sitzreihen.

Aber heute geschieht noch etwas anderes! Ist das jetzt eine Geschichte auf einer anderen Ebene? Ich zerre an meinem Bettlaken, halte mich fest und tauche tiefer ein in den Traum. Ein großer Kerl klettert auf die Bühne, quetscht sich zwischen Vorhang und Rampe und beginnt eine Erzählung. Während er spricht, fällt er immer wieder kopfüber von der Bühne in den Zuschauerraum, rappelt sich auf und wieder hinauf auf die Rampe und spricht weiter, rezitiert, deutlich und kultiviert:

„Hört, hört. Da kommt er. Ein Überlebender der Pandemie. Sein Blut rauscht in seinen Ohren. Gewaschen und gekämmt ist er. Gestern noch arbeitslos. Und heute? Der stahlgraue Overall locker um seinen Körper, den Kopf hält er gerade. Eine Präzisionswaffe auf zwei Beinen. Zwei Tropfen Öl hinter dem Ohr, Amber und Patschuli. Rote Wangen. Der Körper unsichtbar bebend, so marschiert er mit seiner Bohrmaschine durch den Hof. Markus, der Handwerker. Künstler ohne Auftrag. Aber deutlich alarmiert. Markus atmet ein und spannt seinen Körper wie eine Gerte, schlägt die Erde unter seinen Füßen und stößt Staubwolken unter sich zu Nebel. Er ruft: Wer will noch mal, wer hat noch nicht? Alarm für jeden und jede, die sich schützen wollen. Kauft, Leute, kauft. Sicherheit ist das Gebot der Stunde. Heute alles zum halben Preis!"

Der Traum und sein Erzähler vergehen. Er hält inne mit einem kleinen Seufzer und fällt nach vorn ins Publikum.

WACHALARM

Ich mache die Augen auf. Atemlos, habe mich verknotet im Laken, das wie eine Gesichtsmaske über meinem Kiefer klemmt. Ich befreie mich, taste nach Papier und Bleistift, kritzle etwas zum Erinnern. Ein zu lieb gewonnener Automatismus. Dann kommen die Kopfschmerzen. Habe ich ein Veilchen im Gesicht? Dieses blöde Traumtagebuch nutzt doch eh niemandem. Klopfen. Klopfen? Die Tür geht etwas auf und jemand ruft: „Minibar." Ich antworte: „Ich will nix!" Ein Königreich für einen funktionierenden Türriegel. Es ist 13:30 Uhr. Die Tür ist zu und ich bereite mich auf meinen geliebten Spaziergang an der Isar vor. Kapuze, Handschuh, Schal. Bis zum Englischen Garten laufe ich. Winterwetterwohnflucht. Würdiges Wagnis. Draußen habe ich die Kopfhörer aufgesetzt und meinen Lieblingssender angestellt. Kultur, Klassik und Nachrichten. Herrlich, ich flirte mit Blicken, aber alle Frauen sind hier so groß. Groß und stämmig. München eben!

Das Telefon klingelt und Lutz ist dran. „Du hast ein neues Drehbuch auf dem Zimmer." Frankfurter Tatort. Zweiter Fall. „Glückwunsch, Junge." Lutz, ich glaube, wir müssen mal über die Terminplanung reden. Wo drehe ich heute, also, heute? „Junge, du bist in München und drehst heute auf der Bavaria." Und morgen? „In Berlin. Ich muss los, halt die Ohren steif, du Spinner."

Ich trabe zurück ins Hotel. Auf dem Weg insistiert mein frecher Kollege aus Düsseldorf, ich möge mir doch Gedanken über meine Aussprache machen. „Danke für deine Sprachnachricht, Markus, aber du nuschelst manchmal ganze Silben weg. Wenn du mich fragst, du sprichst eh zu schnell. Ich muss zum Schwimmunterricht. Bis nachher." Ich habe ihm keine Sprachnachricht geschickt. Nein? Mein zweiter Fall wartet auf mich, der ist gleichzeitig meine dritte berufliche Baustelle. Seit 20 Jahren bin ich Schauspieler, habe zwei Fernsehserien und eine Fernsehreihe parallel am Laufen, Karriere gemacht, allem zum Trotz. Von wegen Spinner. Toll, nach einer Stunde bin ich den Stoff durch, mit klarerem Kopf. Ich lese ein zweites Mal. Kein gutes Drehbuch, der reinste Unsinn! Das meine lediglich ich. Ob es stimmt, weiß kein Mensch. Der Autor meint es gut mit mir. Er mag wohl Komik und schreibt lustige Gags für mich in einen Tatort. Das ist nicht mein Ding. Hätte ich zugesagt, müsste es eventuell keinen Dr. Boerne von Kollege Liefers geben. Halt, stopp, der ist Gerichtsmediziner. Da fällt mir ein, dass ich niemanden bewerten will. Zurück zum Frankfurter Tatort. Vom Baum fallen soll ich, ohnmächtig werden in der Pathologie und den Po meiner Kollegin anfassen. Meine Kommissarfigur ist zu einem Kasperl mutiert. Raus an die frische Luft. Ich forste die Telefonvermittlung vom Hessischen Rundfunk durch, leider ergebnislos. Ich finde eine passende Adressenliste auf meinem Smartphone. Als ich den Autor an der Strippe habe und ihm meine Bedenken schildere, bekomme ich nicht viel Raum und Zeit zum Nachdenken. „Hallo, sind Sie noch da? Bitte glauben Sie mir, ich spiele Ihnen das komisch. Ich kann das. Das ist meine Spezialität. Aber ich sehe die Figur nicht als Clown." Ich solle das so spielen, wie er es geschrieben habe – oder ich spiele es gar nicht. „Gut, wie Sie wollen. Dann gar nicht." Pause. In Ordnung, Markus! Ich gebe das so an den Sender weiter. Auf Wiederhören. Rotz und Wasser heule ich und rufe Lutz an. Der kocht über. „Du Spinner!" Rotz und Wasser. Das Ganze ist nicht mehr rückgängig zu machen. Warum warnt mich keiner vor mir selber? Ich bräuchte so etwas wie eine Ego-Alarmanlage. Wie kann man nur so dumm sein? Ich trauere bis Nikolaus. Besorge reichlich Dom Pérignon, ziehe bei meiner Schulkameradin, der Frau Jägerin, wie ich sie nach ihrem Nachnamen nenne, aus, beende eine anstrengende erotische Dreiecksbeziehung – schwer zu erklären, weil kompliziert –, nehme meinen Badezimmerteppich mit, lasse das teure Bodyscrub da, drehe eine weitere Staffel für die Telekom und ziehe in eine Dachetage in Grunewald, um ausgelassen Weihnachten mit den übrig gebliebenen drei wichtigsten Frauen in meinem Leben zu feiern: Oma, Mutter und Schwester.

Irgendwann zwischen den Jahren betrete ich ein Reisebüro und buche für den Jahrtausendwechsel einen Flug auf eine Insel im Ozean. Ein sportliches Tauchressort mit Nähe zum Flughafen habe ich ergattert, doch bange ich innerlich. „Alles geht kaputt in meinem Leben. Die rufen bestimmt nicht wieder an. Bitte, lass die in der hessischen „Tatort"-Redaktion treue Kameraden sein. Ich flieg auch ganz schnell wieder zurück, wenn Du das willst." Die Hoffnung stirbt zuletzt in diesem einen, kalten Monat vor der Währungsreform. Beim letzten Sonnenaufgang des Jahres 1999 treffe ich den wachen Uhu wieder. Er sitzt auf einer Ampel, die gerade auf Orange wechselt. Wir tauschen einen Blick und er nickt mir zu. Ozeanien und viel Sand sind meine Sehnsüchte und gern verteile ich Luftküsse an jeden und jede, die mir meinen Weg dorthin versüßt. Ich liebe die Snacks auf Langstreckenflügen und die gut gelaunten Flugbegleiter, die sich auf einen Tag Auszeit am Strand freuen. Der Flug geht ab Berlin-Schönefeld und alles scheint schön zu werden. „Bitte noch ein Schokomuffin, Herr Stewart!" Auf den Malediven brüten die Möwen im Fliegen, so heiß ist es – und das Meer ist zum Nichtaushalten kobaltblau gefärbt. Gott, ist das geil. Danke Dir.

Anrufen tut keiner vom Hessischen Rundfunk, aber angucken tue ich endlich meine Traumfrau. 1. Januar, wir schreiben das Jahr 2000, unendliche Weiten ... Traumfrau steht auf dem kleinen Zubringerboot neben mir und ignoriert mich nachhaltig. Und ich gucke und gucke, ganz unauffällig. Eine Woche Annäherung folgt, Blumen zum Frühstück, aber keine Intimitäten miteinander, dafür viele Gespräche und Lachen. Wir sind ein bisschen ineinander vernarrt. Als ich Champ, so heißt sie, zum Schnorcheln mit auf einen Ausflug nehme, geschieht das Unfassbare. Champ schwimmt neben mir mitten in einem kleinen Schwarm ungefährlicher tropischer Fische. Plötzlich taucht eine riesige Meeresschildkröte vor uns auf, holt tief Luft, glotzt uns aufmunternd an und Champ greift instinktiv nach meiner Hand. Ich nehme sie, halte sie fest und verliebe mich. Nach einer weiteren gemeinsamen Woche fliege ich zurück nach Deutschland zum nächsten Filmdreh. Champ ist jetzt eindeutig aufgeregt beim Abschied, aber sie glaubt nicht so ganz daran, dass sie mich wiedersehen wird. Sie schreibt mit ihre Telefonnummer auf einen winzigen Zettel. Zurück in Deutschland vermisse ich Champ und suche nach ihrer Nummer. Dann finde ich den Zettel in meinem Waschbeutel und rufe sie an.

Zurück in Deutschland vermisse ich Champ und warte auf ein Lebenszeichen. Dann ruft sie an. Ich bekomme Herzrasen, weil ich sie am liebsten umarmen möchte. Wir treffen uns regelmäßig und unsere Aufregung miteinander ist tatsächlich von Dauer. Wir verbringen viel Zeit zusammen. Wieder ruft ein Filmdreh, es geht nach Vietnam. Die Rolle bekomme ich übrigens vom ZDF auch nur, weil ich tauchen kann. Wir sind am sagenumwobenen südchinesischen Meer. Unser Hauptquartier ist in der Stadt Đà Nẵng. Hier haben amerikanische Fliegerpiloten ihre Brandbomben mit dem Kampfstoff Agent Orange abgeworfen. Zum Ende der aufreibenden Dreharbeiten feiert unser Team abends am

Strand. Dort werden wir ausdrücklich gewarnt, beim Baden nicht zu weit hinauszuschwimmen. 10 bis 20 Meter sind erlaubt. Die Strömung sei gefährlich und hier sollen schon Menschen verschwunden sein. Ich bin gewarnt und ignoriere die Gefahr, schwimme und vergesse die Zeit. Als ich zurückblicke, sehe ich am Ufer nur noch Schatten und bin wie gefangen im Meer. Strampeln hilft mir nicht, denn die Unterströmung zieht mich immer weiter weg vom Ufer. Ruhe bewahren ist angesagt. Auf den Rücken drehen, die Beine und Arme nicht nach unten sacken lassen und mit kleinen Bewegungen an der Wasseroberfläche paddeln! Und währenddessen bete ich zu Dir, Gott. „Bring mich bitte hier raus! Ich werde Champ heiraten, wenn du mich zurück zum Ufer lässt, und ich werde mein Leben grundlegend ändern." Eine halbe Stunde später bin ich wieder am Strand. Kaum in der Lage, einen klaren Gedanken zu fassen, bin ich bereit, Deinem Plan zu folgen. Ich werde versuchen, mein Versprechen rasch einzulösen! Doch womit fange ich an?

Ich habe keine Angst mehr – die ist wohl im Meer versunken – und ich beginne damit, öfter zu beten und dafür zu danken, dass ich noch am Leben bin. Mich neu kennenzulernen fühlt sich gut an.

Zurück in Berlin bleibe ich an der Seite meiner vorherbestimmten Partnerin. Die Faszination für Champ wächst behutsam. Ich weiß nicht, ob dieser Umstand vielleicht die Beständigkeit unserer Beziehung erklärt. Champ ist aus Baden-Württemberg, schenkt mir Heilsteine (Tigeraugen) und spricht mit meinem inneren Kind. Das ist dieser versteckte Teil in uns, der sich in eine Ecke verkrochen hat und mit irgendeinem Schmerz nicht klarkommt. Diesen Anteil haben wir wohl alle und ich bemühe mich, wirklich liebevoll damit umzugehen. Verträumt und stark wie eine kleine Bärenfamilie gehen wir alle drei (inneres Kind, Champ und Markus) miteinander in Resonanz! Und schließlich zeigt mir Champ auch *ihr* inneres Kind, ihre geheimen Wünsche und Ängste. Alles kommt in kürzester Zeit zusammen. Wir reden, spielen, sind kreativ bei allem, was wir tun. Ich glaube, aufregender kann Liebe nicht sein. Uns ist nie langweilig miteinander. Wir sind wahnsinnig verschmust. Und wenn ich nicht so groß und breit wäre, würde ich am liebsten ganz oft auf Champs Schoß sitzen. Ich bin diesbezüglich wie die Bulldogge, die sich für einen Yorkshire Terrier hält. Umgekehrt gibt es auch Yorkshire Terrier, die sich für Bulldoggen halten. Aber Champ ist anders. Sie ist einfühlsam und gleicht aus, wo sie nur kann. Meine Freunde denken am Anfang, die kleene Maus aus Baden-Württemberg, die hat sich den Promi geangelt. Als später alle mitbekommen, dass Champ diplomierte Industriedesignerin ist und eine Firma leitet, ändern sie ihre Meinung. Wir sind so unterschiedlich wie Tag und Nacht: Sie ist eine Macherin, kann gut mit Geld umgehen, plant und behält meistens die Übersicht. Ich bin intuitiv, abenteuerlustig und erfinderisch. Wir gewinnen beide an Kraft. Schon bald heiraten wir – und zwar hübsch ökumenisch. Champ ist katholisch und ich evangelisch. Unsere beiden Pfarrer sind ganz offensichtlich dankbar, die Einheit des christlichen Glaubens zu zelebrieren. Sei es ihnen gegönnt, das ist ja auch der Sinn von ökumenisch und so.

Ein neues Jahrtausend hat die Sirene angeworfen. Ich mache hin und wieder Party mit dem üblichen Schnickschnack und höre Dich mahnen: „Markus, erinnere dich an dein Versprechen, dein Leben zu ändern!" Ich verstehe Dich, bin wach, aber leider zu langsam mit dem Einlösen meines Versprechens, denn um mein Leben von Grund auf zu ändern, braucht es mehr als nur gute Absichten. Ich trickse, wo ich kann, habe einfach zu viel Spaß am ausgelassenen Leben und kann noch kein gottgefälliges Leben führen. Warum nehme ich bewusst in Kauf, dass Du gekränkt bist? Weiß ich, dass Du mir Zeit lässt? Die Selbstverständlichkeit, mit der ich spielerisch den Kontakt zu Dir halte, ist vielleicht nicht gerade schmeichelhaft für mich. Meine moralische Unverfrorenheit geschieht einfach, aber Du lässt mich machen, führst mich, trägst mich – und manchmal schubst Du mich. Dann, bei Dreharbeiten in München trifft mich ein glühendes Schwert, aus welchem Orkus auch immer. Mich sticht eine dieser fiesen kleinen Wespen auf die Wirbelsäule vor laufender Kamera. Ich lande in der Notaufnahme. Die Diagnose ist eindeutig: Ich bin Allergiker – und bin schlagartig hellwach. Meine innere Dramaqueen hat ein neues Sujet. Ab jetzt habe ich vorübergehend Allergien auf alles und jeden! Ich schone mich, steige aus verschiedenen beruflichen Projekten aus und versuche, auch von anderen Giften abstinent zu leben, den schillernden Giften der Berliner Nächte. Das gelingt mir. Doch berufliche Rückschläge, zeitraubende Arztbesuche und andere Maßnahmen kratzen an meinem Ego. Mit viel Schlaf und Besinnung soll so eine doofe Spaßbremse aus mir gemacht werden. Champ akzeptiert und liebt den Chaoten in mir, nur bitte ohne bewusstseinsverändernde Wirkstoffe, also auch ohne Alkohol. Einfach nur wach! Ich lasse mich darauf ein. Das wird mein erster Versuch, ein abstinentes Leben zu führen. Fehlt noch ein gemeinsames Zuhause für Champ und mich.

SCHWEISSALARM

Der Euro ist da, die D-Mark schleicht sich, war abzusehen. Sie war zum Schluss aber auch schwierig. Champ ist finanziell unabhängig, hat berufliche Verbindungen in Potsdam, pendelt zwischen ihrer Arbeit und Berlin hin und her und fragt sich, ob sie weiter in der Selbstständigkeit als Unternehmerin bleiben oder den Weg einer Achtsamkeitstrainerin für verschiedene Auftraggeber gehen soll. Ihr Ziel ist, zertifizierte Qigong-Trainerin zu werden. Das geht sie geradlinig an, erweitert ihre Ausbildung bei der chinesischen Gesellschaft für Qigong Yangsheng. Qigong bedeutet „Üben mit der Lebensenergie". Ich liebe diese körperlichen Übungen, wenn Champ sie macht. Die traditionelle chinesische Medizin hat es in sich. Champ hat einen langen Weg vor sich und die ganze Zeit staune ich über ihre Ausdauer bei diesen sehr langsamen, gesundheitsfördernden Übungen.

Ich persönlich frage mich eher: Soll ich mir einen Koch leisten oder besser gleich ganz ordentlich einen Butler einstellen? „Markus, möchtest du wissen, was ich da mache bei meiner Arbeit?" Meine liebe Frau fragt immer wieder mal nach. „Klar, bitte erzähl mir alles, mein Herz." So bin ich eben, offen für alles! Aber Qigong erreicht mich nur allmählich und ich weiß lange Zeit nicht, woran das liegt. Irgendwann wird mir bewusst, dass ich innerlich zu angespannt bin und einfach die langsamen Bewegungen nicht ertrage. Das ist die Nervosität, die das hektische Leben mit sich bringt. Für solche Probleme buchen manche meiner Kollegen einen Mental Coach. Ich habe Champ an meiner Seite. Doch wie bei dem alten Sprichwort: „Der Prophet gilt nichts im eigenen Land" bleibe ich noch lange blind für ihren wahren Wert! Champs

Arbeit mit Qigong und Coaching ist wirklich wunderbar, weil sie Körpertherapie, Mentaltraining und Gestaltung der eigenen Lebensentwicklung miteinander verbindet. Sie hilft in Momenten, wenn einem alles zu viel ist und man scheinbar in einer Einbahnstraße angelangt ist. Sie hilft, aufkommende Unzufriedenheit, Erschöpfung und Schlafstörungen mit ihren langsamen und gleichmäßigen Körperübungen zu bewältigen – *ich* jedoch und regelmäßige Körperübungen, ich und bewusste Langsamkeit? Anschauen kann ich mir so etwas, aber muss ich das selbst praktizieren, bekomme ich Zustände von Schweißalarm. Zwangsläufig erkennt ein gewisser frecher Kollege aus Düsseldorf dieses Defizit bei mir und stellt mir häufig die Frage, warum ich manchmal so verspannt auf der Bühne wirke. Schließlich hätte ich eine Qigong-Trainerin an meiner Seite. „Halt's Maul, Mann." Ich habe heute mein Telefon abgestellt. Er fängt schon wieder an und würzt das Ganze mit seiner neuesten Masche, ich sei der beste Kollege der Welt. Er fühle sich von mir vollkommen akzeptiert und verstanden. Zusammen mit dem Inneren-Kind-Projekt, das Champ in mir vorfindet, ist meine Beziehung zum Schauspielerberuf eine echte Herausforderung für meine liebe Frau, denn sie durchschaut, dass vieles, was wir Künstler als Sinnfindung ausstellen, eher ein narzisstisches Verwirrspiel ist, um Aufmerksamkeit zu bekommen. Süß, oder? Wie kommt sie darauf? Fazit ist, dass all diese nachhaltigen chinesischen Sachen von Champ zu viel Struktur für einen Durcheinanderbringer wie mich haben. Ich lass das erst einmal beiseite und verzichte im Gegenzug auf die Einstellung eines Butlers.

Wir bauen das Dachgeschoss in Grunewald aus, schlafen in einem tapezierten Wasserturm hoch über Berlin und wundern uns, wohin mein sauber verdientes Geld entfleucht, denn ständig baue ich die Wohnung um, reiße Wände ein und ziehe sie an anderer Stelle wieder hoch, kaufe teure Möbel, fahre große Autos und, und, und! Champ weiß genau, dass ich in einer Suchtverlagerung stecke: Einkaufen, Aktionismus. Sie warnt vorsichtig, dass das genauso gefährlich sei wie die stofflichen Süchte. Ich leugne meine Abhängigkeit und verkünde, dass wir das alles verdient haben. Und solange es Spaß mache und niemandem schade, sei doch alles gut. Nix ist gut und woher die vielen Wespen in unserem Dachgeschossdomizil kommen, weiß auch kein Mensch! Durch Ritzen in den Wänden kriechen sie und wir flicken ihren Pfaden hinterher, lassen stopfen und verkleben. Auf meiner Nase beim Mittagsträumen krabbeln sie herum. Champ macht Fotos: Markus mit Wespe Erna und Markus mit Wespe Erna und ihrer fünfköpfigen Familie. Gruselig und ein bisschen lustig – und ihr Nest ist und bleibt unentdeckt. Wie sie gekommen sind, so verschwinden die Wespen wieder.

Jahreszeitenwechsel. Unser eigener Nestbau nimmt Gestalt an und wir erkennen, dass ein Kinderwunsch kein Pappenstiel ist – und schon gar kein Ponyschlecken. Das dauert einfach seine Zeit, vor allem bei meinem Lebenswandel, denn ich bin eine Naschkatze. Die Geschwindigkeit meiner Sporen ist durch Zucker lädiert. Gar nicht peinlich. Das Problem hält lange an und wir bereisen inzwischen die halbe Welt. Champ will auch das Tauchen lernen. Unterwasser fliegen können, schwerelos werden möchte sie, aber das rasend schnelle Strömungstauchen gefällt ihr nicht so sehr wie mir. Ich mache ihr Angst mit meinen Ausflügen durch Unterwasserschluchten. Dann endlich lerne ich von ihr, dort unten langsamer zu werden, und wir finden auch unter Wasser zueinander.

Zu unseren lustigsten Abenteuern zählt, wie wir ein Leopardenhai-Pärchen beim Poppen im Riff beobachten oder ein amerikanisches Taucherpaar, das sich in 20 Metern Tiefe in Zeichensprache streitet, inklusive anschließendes Einschnappen des dicken Ehemannes und sein Abdriften in den offenen Ozean mit verschränkten Armen. Oder wie wir an einem Manta Point (das ist ein Ort auf hoher See, an dem Taucher öfters Mantarochen und Walhaie sichten) von der Tauchlehrerin angewiesen werden, sofort von Bord zu springen und so schnell wie möglich auf 21 Meter abzutauchen. Wir sind beide so verschreckt, dass wir nicht zum Nachdenken kommen. Im Nu sind wir unten, liegen wie die restlichen Taucher halb auf einem Unterwasser-Felsvorsprung und halb flattern wir paddelnd in einer angenehm wuchtigen Gegenströmung. Ein ganzes Rudel von Mantarochen kreuzt immer wieder unseren Horizont. Und eines der wirklich majestätischen, wunderschönen Tiere steuert auf mich zu, gleitet über mich hinweg, kommt zurück, nur um wieder umzudrehen und Auge in Auge mit mir für einen Moment zu verharren. Da klopft Champ mir auf die Schulter und zeigt auf meinen Atemluftschlauch. Es kommen kleine Blasen aus einem Leck. Der Manta fand das wohl lustig. Oder er wollte mich warnen. Ich plane mit Champ in Zeichensprache einen Notaufstieg, langsam, um nicht unter Dekompressionszwang durch gefährliche Stickstoffsättigung im Blut zu geraten. Mit uns tauchen im übertragenen Sinne viele Fragen auf, die wir oben an Bord klären wollen. Wie kommt das Loch in meinen Luftschlauch? Habe ich beim Sicherheitscheck etwas übersehen? Sind Mantas empathisch? Ist dieses Wesen jetzt mein Lebensretter? Nach über 250 Tauchgängen bin ich jedenfalls unvorsichtig geworden. So etwas passiert einfach – und ein kommunizierender Mantarochen passiert ebenfalls einfach, wenn Du es willst!

Zurück in Berlin spielen wir viel Federball in unserem Wohnzimmer, denn das ist einfach wahnsinnig groß, da oben unter dem Dach. Wir gehen ins Theater, auf Konzerte. Champ lernt die große Berliner Familie kennen. Wir kümmern uns um meine geliebte Großmutter, die schwer erkrankt ist. Im Winter sind wir im Schwarzwald bei Champs Familie. Der Knaller ist, mein Schwiegerpapa ist ein Fan von mir. Besonders die Fernsehserie „Die Rote Meile" hat es ihm angetan, wo ich als schwuler Dessousverkäufer inmitten von Stripperinnen und Schlägertypen versuche, die Welt mit meiner Liebe zu retten, genau diese TV-Serie findet der 70-Jährige toll.

COMEDY-ALARM

Etwas später. Ich bin jetzt alt genug für Comedy. Also heißt es, einmal dreist sein und für ein innovatives Fernsehformat etwas Neues ausprobieren. Drei Komiker in einer Wohngemeinschaft, schon einmal schwierig, denn mehrere Komiker unter einem Dach sind von Natur aus nicht gerade kompatibel – einfach zu viel Ego und Adrenalin. Bei der Party zum Drehbeginn der ersten Staffel trage ich die Geschichte vom hässlichen Entlein vor und singe im Anschluss „Brazil" von Antônio Carlos Jobim. Einen angenehmen Nebeneffekt hat mein Auftritt, denn ich werde fortan von meiner Produzentin ganz lieb behandelt. Insgeheim ahnt sie wohl, dass ich schon bald wieder ganz woanders hinwill. Was so ein exotischer Auftritt doch alles bewirken kann! Vielleicht lag es aber auch an dem traurigen Klang meiner Konzertina, auf der ich mich selbst begleite. Dieses handliche Instrument ist so eine Art winziges Akkordeon, das klassische Handörgeli der Clowns. Ich glaube, David Larible, der „Clown, der Clowns", spielt die Konzertina heute noch manchmal bei seinen Auftritten im Circus Roncalli – und die Melodien klingen immer bittersüß.

Ich hole mein Instrument heraus, wenn ich im Theater oder im Film einen Narren spielen soll. Als Mirja Boes, Ralf Schmitz und ich mit dem Comedy-Format „Die Dreisten Drei" für die Goldene Rose von Montreux nominiert werden, spiele ich im albernen Freudentaumel auf meiner Konzertina „Greensleeves", packe für das kommende Festival zusammen mit Champ die Koffer, zeuge mit ihr am Vorabend der Verleihung am Alpenrand unseren Sohn, gewinne mit den Kollegen die begehrte Rose und wünsche mir gleichzeitig nichts sehnlicher, als mein Leben der Familie zu widmen. Ich bin ein Narr, denn ich weiß gar nicht, ob dieser Wunsch mit den Anforderungen vom Showbusiness auf Dauer zu vereinbaren ist.

Erst einmal führt kein Weg zurück, denn zusätzlich zu meinen zwei laufenden TV-Projekten und den Theaterverpflichtungen stehe ich nun noch mehr im Rampenlicht als vorher schon – und klar, das ist schweißtreibend, weil Geduld und Ausdauer verlangt wird, was nicht meine Spezialität ist. Ich akzeptiere, ein Star zu sein, aber es ist nicht das Wichtigste in meinem Leben. Im Anschluss an Montreux – die 43. „Rose d'Or" findet vom 13. bis 18. Mai 2003 statt – beginnen die Castings für den neuen „Otto"-Kinofilm. Ralf Schmitz und ich bekommen den Zuschlag für zwei wirklich knackige Rollen. Leider wird Mirja Boes nicht mitspielen, weil damit wahrscheinlich unser Comedy-Trio zu präsent in der Handlung auffallen würde. Dafür sollen wir im Frühsommer eine weitere Staffel für „Die Dreisten Drei" drehen, also viel Holz.

Schnell noch eine Tauchreise nach Ägypten mit Champ – noch wissen wir nicht, dass sie schwanger ist. Bevor wir wegfliegen, verabrede ich mit der Familie, wer sich um meine Großmutter kümmert. Sie wohnt in einer kleinen Wohnung, die zu einem Damenstift gehört, und hat sich nach einer Infektion im Krankenhaus noch nicht richtig erholt. Sie ist unser aller Schatz, so liebevoll und lustig. Jeder kommt gern zu ihr. Vor allem Champ hat sie in ihr Herz geschlossen und ich kann mir nicht vorstellen, dass sie irgendwann nicht mehr da sein soll. Meine Mama und meine Schwester übernehmen zwei Wochen die regelmäßigen Besuche bei Omi.

In Ägypten haben wir auf dem Zubringerboot zu einem besonderen Tauchspot ein fantastisches Erlebnis. Bei der Hinfahrt begegnet uns auf der Höhe der Landzunge Ras Nasrani (Felsen des Nazareners) bei Sharm El-Scheikh eine Herde Belugawale, also weiße Wale. Wir sind so begeistert von diesem Anblick, dass wir stundenlang danach noch davon schwärmen. Wir absolvieren bei den Felsformationen Ras Mohammed (Felsen des Mohammed) unsere zwei Tauchgänge und treten fünf Stunden später die Rückreise an. Beinah genau an derselben Stelle begegnen wir wieder der Belugawalherde. In dem Moment, als wir sie treffen, gebärt eine der Belugakühe ihr Baby – ein besonderer und anmutiger Moment.

Omi, die wir im Anschluss an Ägypten besuchen, merkt als Erste, dass Champ schwanger ist. Immer wieder legt sie wissend die Hand auf Champs Bauch. Inzwischen muss ich zu den Dreharbeiten von „7 Zwerge – Männer allein im Wald" nach Köln. Gleich in der zweiten Woche macht Champ einen Schwangerschaftstest und der ist positiv. Als ich davon erfahre, renne ich mit meiner Zipfelmütze durch die Studios, mache Comedy-Alarm und knutsche alle anderen Zwerge und das gesamte Filmteam ab. Wenige Wochen später verstirbt Omi. Deine Wege sind unergründlich. Du verstehst es, zu überraschen. Unser Sohn Silvester wird am 15. Februar 2004 geboren.

GAUNERALARM

Die Wespen tauchen mit der Geburt von Silvester wieder auf, eine unerwartete Attacke. Unsere Vermieter können oder wollen bei der Beseitigung der Gefahr nicht helfen. So verlassen wir nach einigen erfolglosen Umbau- und Wespenschutzmaßnahmen das Federballfeld und den Wasserturm, um in ein neues Zuhause auszuweichen. Dorthin zieht unser Schutzgeist, der Uhu, mit. Allerdings sehe ich ihn nicht mehr. Mal höre ich ihn im Garten, manchmal in den Heizkörpern und ganz oft flackert er mit den Lampen bei uns drinnen.

Wir haben dann auch so eine Schwimmsaison-Karte für den Sommer erworben, wegen der Großstadterholung. Das genießen wir bis zu dem Tag, als bärtige Männer mehrere Frauen am Beckenrand belästigen und ich meine Klappe nicht halten kann, sodass meine Champ angespuckt wird. Die Polizei kommt und kann nichts ausrichten. Die Männer ziehen ab und paffen wahrscheinlich noch heute lachend ihre Wasserpfeife ob des fabelhaft gelungenen Sommerspaßes – alles ganz nach ihrem Gusto. Unser Uhu gibt übrigens am selbigen Tage einen markerschütternden Alarmschrei von sich, morgens bei Tee und Gebäck. Champ stemmt Haushalt und Erziehung fast allein, denn ich bin wirklich oft auf Gastspiel und Tournee. Ein Highlight bei meinen Gastspielen ist Bad Segeberg, die Karl-May-Festspiele. Ich liebe das sensationelle Publikum dort, Mittwoch bis Sonntag täglich zwei Vorstellungen vor jeweils circa 7.000 Fans. Ich spiele den Part von Heinz Erhardt aus den bekannten Filmen, Kantor emeritus Matthäus Aurelius Hampel aus Klotzsche bei Dresden. Alles ist schick. Ich darf sogar einen echten Esel meinen Partner nennen, entdecke dort das Talent der 14-jährigen Lea van Acken. Heute ist sie ein internationaler Filmstar. Nur der Winnetou-Darsteller, dieser Gauner, will Streit mit mir, seinem treuen Kantor, und packt derbe in die Sch... Die Bulldogge in mir wehrt sich. Grober Fehler, denn Winnetou behält immer recht. Mir bekommt dieser Konflikt gar nicht. Ich stehe mit dem Rücken zur Wand und muss einstecken. Es wird deutlich, dass alles, was ich ungeschickt anfasse, kaputtgeht.

URWALDALARM

Du fliegst in den Dschungel? Das ist Selbstmord, O-Ton in meiner Familie. Jürgen sagt zu mir: „Lass Gott rein!" Das versuche ich nachhaltig, doch der Dschungel hat seine Tücken. „Bleib in der Mitte der Herde, am Rand wirst du gefressen." Ja doch! Jetzt geht es also um Australien 2017. Jürgen begleitet mich nach Down Under, das ist bei dem bevorstehenden Unterhaltungsformat so geregelt. Die Spieler dürfen jemand Nahestehenden mitnehmen. Das Ganze ist für jeden Künstler gefährlich: Die Seele wird meistens beschädigt und der Ruf ebenso, aber ich bin finanziell in einem Engpass und diesmal sehr ungeschickt bei der Wahl der Waffen zur Beschaffung der Knete. Also im Urwald soll ich jetzt arbeiten, man könnte sagen, als professioneller Spieler. Wir werden mit dem Hubschrauber von der Küste ins Dickicht geflogen. Dann folgt ein langer Marsch in die Lager und bereits in der ersten Nacht spüre ich den unerbittlichen Heißhunger von allen Beteiligten hinter der Kamera auf frisches Fleisch. Die Vorfreude auf das kommende Gelage ist nicht unsympathisch. Anfangs werden wir als Spieler gut behandelt, aber dann werde ich in einem ungünstigen Moment von der Herde getrennt. Jürgen hat doch gesagt: „Bleib in der Mitte der Herde, am Rand wirst du gefressen."

Das funktioniert nicht und das Desaster beginnt. Der berüchtigte Markus-„Ausraster" vor der Kamera findet im Angesicht einer euphorisch gestimmten Fressgemeinschaft statt – eine Fressgemeinschaft, die einen großen Appetit hat und die sehr genau darauf achtet, ob sie das bekommt, was sie gern hätte. Das meiste kann sie schon vorher bestellen.

Okay. Ich erzähle euch, wie das ist, gefressen zu werden. Vorweg: Ohne Ausnahme sind gestellte Situationen bei öffentlichen Gelagen zum Vergnügen der betreffenden Fressgemeinschaft gedacht und werden im Nachgang appetitlich aufbereitet. Wenn also zum Beispiel Spieler von der Herde getrennt werden und bei Ankunft auf der Schlachtbank ausgelassen jubeln, dann freuen die sich gerade über etwas anderes und sind einem Missverständnis aufgesessen. Sie befinden sich in einem klassischen Mustopf. Sie jubeln auf der Schlachtbank? Das ist für die hinter der Kamera nicht so dufte, weil dadurch keine Spucke entsteht. Spucke ist aber wichtig für die Dynamik beim Essen und die anschließende Verdauung. Wenn einer der Herdenspieler, in dem Fall meine Wenigkeit, an eine Holzwand angekettet wird und die andere Spielerin oder der andere Spieler ihn mit Blutkugeln bewirft – wobei eine zufällige Anzahl der Würfe in Öffnungen zwischen den Beinen, Achseln und neben dem Kopf landen, andere Kugeln wiederum auf dem Mund, auf den Ohren und dem Gemächt –, dann ist das schon schmackhafter, jedoch immer noch eine Verabredung, auf die sich die Spieler bis zu einer gewissen Grenze einlassen.

Das Ganze ist eine Inszenierung. Zur Sicherheit wird auch ein Notfallwort verabredet, falls jemand in Stress gerät, verletzt wird und/oder Schmerzen hat. Das Notfallwort wird gerufen, gesprochen oder gestammelt – und die hinter der Kamera sollten da genau hinhören. Es wird schriftlich im Künstlervertrag hinterlegt. Wenn alles gut für uns Spieler läuft, haben wir viel Spaß. Und *ich* erfülle meine Aufgabe tatsächlich mit großer Hingabe. Vielleicht sage ich gleich zum Spaß: „Ja, komm! Gib's mir!" und „Ja, das ist heftig!" Und schon ist es raus. Ich bin aber auch ein *Blitzjunge*!

Aber meine Hingabe ist denen hinter der Kamera zu harmlos, da ist nicht genug wirkliche Not im Spiel. Daher bietet es sich an, den angeketteten Spieler, mich, einfach länger hängen zu lassen als nötig und zu warten, bis die Not größer wird. Ich schwelle zu einem roten Klops an und rufe: „Stopp!" Man sagte mir, das Wort „Stopp!" nehmen alle als Notfallwort. Also steht in meinem Vertrag, dass mein Notfallwort „Stopp!" lautet. Keiner kann hinterher behaupten, er hätte nicht verstanden, was mit „Stopp!" gemeint ist. Wenn jemand hinter der Kamera beschließt, das Notfallwort zu überhören, hat das zur Folge, dass die Spucke anfängt zu laufen. Das ist erfreulich für die überwiegende Mehrheit. Ich fühle mich dabei wie eine gekreuzigte Ingwerwurzel, die gleich ihre Seitenstränge verliert. Ich bin das Hauptgericht, bin der Spieler, dem es an den Kragen geht – und Millionen von Zuschauern klappern mit ihrem Besteck.

Als meine Schmerzen groß genug sind, begreife ich zwar nicht, dass ich mich in einem noch viel größeren Mustopf befinde als befürchtet, aber meine Schultern, Arme und Gelenke sind bereits spürbar auf dem Weg zu unbestimmter Konsistenz und ich werde stutzig. Die Schmerzensschreie und das verabredete von mir gerufene Notfallwort „Stopp!" verhallen trotz eingeschalteter Wiederholungsfunktion. Ich schreie den Realisator, der sich mittlerweile dezent von der Szene abwendet, an: „Ich zeig dich an, wenn du mich nicht sofort losmachst!" Gemächlich und achselzuckend werde ich endlich abgekettet und man entschuldigt sich. „Das haben wir gar nicht gehört!" Ich verspreche, die Sache zu vergessen – und der Realisator verspricht, meine Hinrichtung und den damit verbundenen hysterischen Anfall nicht zu senden, da sonst ja auch sein Fauxpas auffliegen würde. Der Fuchs. Das kann er gar nicht verhindern, denn er ist nicht der Koch. Der sitzt im Fernsehsender.

Der „Ausraster" wird schließlich für das Hauptgericht so hergerichtet, dass der Eindruck entsteht, ich würde meine Spielpartnerin mit „Ich zeig dich an, wenn du mich nicht sofort losmachst!" verbal bedrohen. Die steht währenddessen aber im Abseits und kommt erst hinzu, als ich nur noch einen Dauerton à la Besetztzeichen der Telekom von mir gebe. Meine Partnerin und ich bekommen von dem später gesendeten, neu zusammengeschnittenen Festmahl selbstverständlich nichts mit. Wir hängen ja wieder bei der Herde ab und da gibt es keinen Fernseher! Schließlich werde ich von der Fressgemeinschaft aus der Show gewählt und patsche beim Verlassen des Spielfeldes am nächsten Tag in den nächsten Mustopf, als ich in einem Interview die Frage, warum ich so ausgerastet sei, mit „Das habe ich doch nur gespielt!" beantworte. Dies ist eine logische und faire Antwort von mir, denn ich habe versprochen, nicht zu petzen.

Jürgen umarmt mich beim Wiedersehen und meint, ich hätte mich bis auf den Wutausbruch ganz gut geschlagen. Heute kann ich darüber lachen. Ich verzeihe allen Beteiligten, mehrmals täglich, auch mir. Ich erkenne das Gute an dieser unterirdischen Erfahrung und bin froh, dass ich das einmal hierlassen durfte.

Das Kryptische in meiner Erzählung ist juristischen Vorgaben geschuldet und ich betone, keine der gefressenen Figuren ist auch nur im Geringsten frei erfunden. Und jeder sei ermuntert, sich eventuell nicht angesprochen zu fühlen. Apropos: Return to Sender with Love. Wut tut nicht gut.

Zurück in der Heimat spiele ich in Frankfurt am Main wieder Theater, diesmal einen Selbstmörder in der schrägen Komödie „Die Nervensäge". Dabei fällt mir wieder einmal auf, dass ich noch so sehr am Wasser gebaut sein kann, es gibt fast immer eine Lösung, wenn ich nur das Gespräch mit jemandem suche, der oder die sich für Hilfe anbietet. Direkt nach dem Frankfurter Theaterstück steige ich beim Servicetelefon meiner Selbsthilfegruppe ein und bin seitdem mehrmals die Woche über mehrere Stunden in unserer Hotline tätig. Wir machen dort keine Seelsorge und geben auch keine professionellen Ratschläge, sondern helfen lediglich bei der Suche von Selbsthilfemeetings innerhalb unserer Gemeinschaft und leiten an Profis weiter, wenn schwerwiegende Nöte oder Ängste benannt werden. Unsere Nummer lautet: 0800 445 3362.

2 — ZERSTÖRTES NEST

Herbst 2017. Seit mehreren Jahren haben wir eine Baustelle in unserem Zuhause an der Backe. Ein seltsamer, ständig wechselnder Bautrupp ackert sich durch unseren geliebten Altbau. Im Schneckentempo kommt die Arbeit voran und ich erweise mich als äußerst ungeschickter Fährtensucher, wenn die Frage aufkommt, wo sich der Sinn hinter der schier endlosen Verzögerung versteckt. Wäre ich mit Winnetou noch befreundet, ich könnte ihn fragen. Bis wir herausfinden, welcher Immobilienhai dahintersteckt, ist es leider schon zu spät. Der Typ gehört zu einer Gauner-Gang mit guten Kontakten überall-wohin. Schönes Wort. Krabbenbrötchen verköstigend sitzen Herr A. Ch. und unser neuer Hauswirt Herr E. B. im Nobelimbiss um die Ecke und stoßen auf ihre Freundschaft fürs Leben an. Mit Drogen und Mädchenhandel wurde der Kauf unseres Mietshauses finanziert. Bis der Staat dahinterkommt, werden Jahre vergehen. Unser Uhu schreit: „Lasst euch auszahlen, verschwindet hier!" Wir lassen ihn schreien. Die bekiffte Schwester vom neuen Besitzer pöbelt vor der Haustür lautstark Mieter und Passanten an, weil sie keinen Parkplatz bekommt, eine filmreife Nummer. Mit Suchtverhalten kenne ich mich aus.

SUCHTALARM

Die Erinnerung an meine eigene Sucht ist immer da, selbst nach vielen Jahren der Abstinenz. Seit meinem 15. Lebensjahr nahm ich Drogen. Wie einen Fremden betrachte ich diesen Teil von Markus. Mit Alkohol fing es an, bald schon landete ich bei Kokain. Mein süchtiges Leben ist eine Achterbahnfahrt, irgendwann habe ich nur noch einen Scherbenhaufen vor Augen, mache trotzdem weiter, von einem Entzug zum anderen, verzweifelt, dann wieder leugnend, mit Unterbrechungen. Der Konsum steigert sich unaufhörlich. Ich will nicht aufhören, bin überzeugt davon, dass diese Art von Entspannung erlaubt sein müsse, versuche alle möglichen Tricks – nur noch Wein trinken, Kokain nur am Wochenende, den Dealer wechseln, die Stadt wechseln. Bis ich schließlich am 4. August 2008 in einem Kölner Hotel kapitulieren muss. Nach einer krassen Party landen gewisse Fotos bei einer großen Kölner Boulevardzeitung. Der Chefredakteur druckt diese Fotos nicht und schreibt stattdessen meiner Frau eine Mail. „Ihr Mann ist dabei, sein Leben und das seiner Familie zu zerstören. Ich hoffe, meine Entscheidung, die mir vorliegenden Fotos nicht zu veröffentlichen, ist die richtige. Hoffentlich können Sie Ihrerseits das Richtige für sich und Ihre Familie unternehmen."

Ich habe die Lektion gelernt. Im achten Ehejahr ist also der erste Versuch, abstinent zu leben, gescheitert. Der Rückfall hatte sich angekündigt und seit 2005 war meine Sucht wieder aktiv. Ich versuchte, in einer Burnout-Klinik klarzukommen, in der mir der Chefarzt riet, mich einer Gemeinschaft anzuschließen, die alle dasselbe Problem haben wie ich. Also begab ich mich in professionelle, ärztliche Behandlung und legte die ersten Gehversuche eines Süchtigen in der Selbsthilfe zurück. Trotzdem passierte diese schlimme Episode in dem Kölner Hotel. Ich war seit April 2008, also seit vier Monaten, immer wieder „stolpertrocken", wie man bei uns sagt, immer wieder kleine Rückfälle. Und ich hatte zu diesem Zeitpunkt bereits einen Mentor, den Jürgen, der für mich Tag und Nacht erreichbar war. Auch an diesem Morgen, als Champ mich in Köln anruft und mir wütend von der Mail des Chefredakteurs berichtet. Jürgen ist sofort für mich da, hatte mich gewarnt. „Du musst so lange weitermachen, bis du durch bist mit dem Thema. Du musst den für dich richtigen Punkt finden, um aufzuhören!" Ich komme aus dem Kreislauf der Sucht nur mithilfe des sogenannten 12-Schritte-Programms heraus, Jürgen immer an der Seite. Die 12 Schritte gehören zu einem weltweiten Programm, bei dem jede Person mitmachen kann, die den Wunsch hat, mit ihrem selbstzerstörerischen Verhalten aufzuhören. Die Gruppen existieren in jeder größeren Stadt. Bin ich auf Tour, suche ich danach und erhalte mir so meine Abstinenz. Die Sucht schweigt, doch sie verschwindet nicht. Ich könnte jederzeit alles verlieren, wenn ich wieder in alte Muster verfalle. Aktive Sucht ist für Betroffene und für co-abhängige Angehörige nichts anderes als ein versteckter, schleichender Selbstmord. Ich schütze mich, auch indem ich trotzdem heiter durch das Leben gehe und mich so annehme, wie ich bin. Ich kämpfe nicht gegen meine Natur. Ich habe lediglich etwas gefunden, das ich statt der Drogen an die erste Stelle setze: Das bist Du. Und meine Frau schützt sich, indem sie irgendwann klare Grenzen zieht und mich nicht mehr deckt.

BAUALARM

Wenn ich an die darauffolgende Zeit denke und an unsere Wohnung, den schönen Garten, den Uhu-Schutzgeist, die stabile Zeit der Abstinenz, die bis heute andauert, und die vielen Freunde, die mit uns dort gefeiert haben, ohne dass ich einen einzigen Schluck Alkohol oder andere Drogen gebraucht hätte, dann weiß ich, wo meine Dankbarkeit herkommt. Auch deswegen baue ich meiner Familie dieses besonders liebevolle Zuhause, richte immer alles her, bin bemüht, Struktur zu leben, und weiche fast jeder Verführung aus, damit keiner merkt, wie angespannt ich eigentlich bin. Doch nichts ist für die Ewigkeit und leider wird unsere Wohnung vom neuen Besitzer sehr begehrt. Er will uns mit aller Macht von dort verdrängen. Und der Uhu schreit sich heiser.

In deinem Zuhause machst du es dir schön. Du guckst, dass alle sich wohlfühlen, unterhältst dich freundlich mit den Nachbarn und reparierst ab und zu etwas, damit die guten alten Möbel nicht auseinanderfallen oder der Duschkopf nicht explodiert. Du schraubst Heizkörperverkleidungen ab, um die Wassertanks an der Heizung zu befüllen. Schrauben und Stecker lösen sich dabei gern und regelmäßig. Das regt dich nicht auf, das kommt vor. Wenn du aber, nachdem Handwerker sich vier Wochen lang in deiner Wohnung in diversen mit Plastik abgehängten Räumen herumgetrieben haben, hinter einem Heizkörper ein Abhörmikrofon findest, dann darfst du dich ruhig aufregen und erschrecken, vor allem, wenn die Handwerker ihren Auftrag von deiner Hausverwaltung erhalten haben.

Die Bauarbeiten haben sich mittlerweile in alle Zimmer verlagert. Täglich kommen Heerscharen von Bauarbeitern, die durch mit Plastik abgehängte Schleusen stapfen, um neue Rohre für Frischwasser zu verlegen – Rohre, die vorher monatelang im Hof vor sich hin gegammelt haben, natürlich mit offenen Verschlusskappen, sodass Feuchtigkeit und Schmutz eindringen können. Nennt man das dann auch Strangsanierung?

Als wir das Mikrofon finden, fällt mir nichts Besseres ein, als es zu meinem Anwalt zu bringen, der zu diesem Zeitpunkt aber einen Herzinfarkt hat und später vergisst, den Vorfall weiter zu bearbeiten. Dass wir tatsächlich eine Wanze bei uns gefunden haben, wird bestätigt, darüber hinaus wird nichts unternommen. Wir wissen ja auch gar nicht genau, wie sie da hingekommen ist. Das Mikrofon kann auch reingeflogen sein. Oder nachher heißt es vor Gericht: „Das haben Sie selber platziert!" „Markus, lass mal!", sagt dann mein Pflichtverteidiger, denn mein Anwalt ist in der Reha und möchte demnächst sowieso sein Leben komplett ändern. Entschleunigung ist sein Thema. Ich habe einmal Digital Detox in Betracht gezogen, macht aber im Moment keinen Sinn ... oder doch? Ich erkundige mich morgen, in welcher Klinik mein Anwalt ist, vielleicht haben die ja ambulante Angebote für so Übergangsfälle.

SCHMUTZALARM

„Mach mal, Markus." Ich liebe es, wenn meine Frau das zu mir sagt. Finde ich viel schöner als: „Lass mal, Markus." Herrlich. Und unser Zuhause ist lange Zeit so schön, dass wir oft gar nicht auf die Straße gehen möchten. Hinzu kommt, dass wir beim Rausgehen immer an den Mülltonnen vorbeimüssen, die auch der Dönerladen nutzt, der dem Kumpel gehört von den Leuten, die unser Haus gekauft haben. Das riecht so appetitlich, da wird das nie was mit dem Abnehmen bei mir. Egal, jedenfalls bleiben wir oft drinnen. Wir genießen unseren kleinen Garten hinten im zweiten Hof, den wir in 14 Jahren von einem verwilderten Zustand zu einem schönen, fantasievollen Ort für die Familie verwandelt haben. Schade eigentlich, dass die alte Hausverwaltung und damit die alte Eigentümerin nicht mehr da sind. Die haben sich damals so gefreut über unsere Gartenarbeiten und wie wir die Wohnung hergerichtet haben – und dass alles so schön geworden ist. Aber die neuen Besitzer sind ja vielleicht auch ganz nett. Mal schauen. Ich habe es gern nett und adrett. Wenn ich etwas unordentlich mache, wird es danach von mir höchstpersönlich wieder aufgeräumt. Wenn ich Zeit habe. Hauptsache, alles ist schon recht bald wieder sauber. Während ich dies hier schreibe, kommt eine SMS von meinem frechen Kollegen aus Düsseldorf rein, als ob er es gewusst hätte. „Du, Markus sag mal, deine Hunde haben in der Garderobe die Wand angefressen. Im Büro haben sie mich gefragt, ob ich dich ganz vorsichtig bitten könnte, dass du das bitte wieder reparierst. Da liegt ziemlich viel Schmutz herum. Bitte bring morgen Spachtel mit. Sonst bleibt es noch an mir hängen, weil die wissen, dass wir ganz dick miteinander befreundet sind. Also. Umarmung, dein Kollege." Ich antworte: „Du, das mache ich. Das geht ja gar nicht und war mir übrigens gar nicht aufgefallen. Meine Hunde essen sonst keine Wände. Aber vielleicht sind sie wütend, das fällt dann auf mich zurück. Übrigens, deine Musik war gestern sehr leise. Die beruhigt Utzy und Tobi immer so schön. Machst du heute wieder etwas lauter?" So, jetzt haben wir den Salat. Hunde? Was für Hunde? Und wer sind Utzy und Tobi? Was für Musik? Ich glaube, auf den nächsten Seiten muss ich erst einmal erklären, um was es da eigentlich geht. Mein Leben ist sehr angefüllt mit wechselnden Besetzungen, gleich kommt die Aufklärung. Versprochen.

„Deine Hunde haben die Wand angefressen." Sachen gibt es! Mein persönlicher Hang zur Sauberkeit stammt übrigens aus meiner Kinderstube und die war übersauber. Mein zweiter Name lautet Sagrotanus, nach dem bekannten, mittlerweile börsennotierten Unternehmen, der absolute Überflieger einige Jahre später, wenn das passiert, was wir

2018 noch nicht ahnen können. Irgendjemand muss schließlich etwas davon haben, dass 2019 aus Fledermaus- oder Laborschmutz eine Seuche entsteht. Habe ich schon erwähnt, Sauberkeit lohnt sich und Verbrechen nicht? Gut.

FEUERALARM

Zurück zum Zuhause. Wir überstehen zusammen mit den übrig gebliebenen Mietern fünf Jahre Dauerbaustelle. Zwischenzeitlich bin ich kurz davor, den Bauarbeitern, die ständig wechseln, weil sie nicht bezahlt werden, juristische Hilfe zu vermitteln. Meine Versuche scheitern an den klassischen Sprachbarrieren. Was mir positiv auffällt: Diese Bauarbeiter trinken keinen Alkohol (wahrscheinlich aus kulturellen Gründen). Also das Bierchen während der Arbeit fällt hier weg. Im Nachhinein vermute ich aber, dass die Männer sich andere Substanzen zuführen, da das Schneckentempo, in dem sie arbeiten, keinen natürlichen Ursprung haben kann.

Die ausbleibende Bezahlung der Arbeiter könnte der eigentliche Grund sein, warum sich die Baustelle so lange hinzieht. Dafür muss man wahrscheinlich Verständnis haben, denn nicht jeder Unternehmer ist ständig flüssig, vor allen Dingen nicht, wenn zehn Millionen hingelegt wurden, um einen Altbaukomplex in bester Lage zu kaufen, selbst wenn das Geld aus Drogen- und Mädchenhandel stammt. Das muss man verstehen, denn die können sich ja nicht die Hacken wund arbeiten. Wer? Egal.

Als uns einer der länger anwesenden Vorarbeiter, der wohl einen Deutschkurs belegt hat, berichtet, dass seine Arbeiter keine Verträge haben und daher nichts gegen Nichtbezahltwerden ausrichten können, geraten die Säulen unserer Hausgemeinschaft in eine moralische Krise und es wird Eis und Kaffee für die Arbeiter besorgt. Es ist mir entfallen, wer den Anstoß hierfür gab. Ich habe mich bei der Aktion herausgehalten und lieber selber Eis gegessen. Das Haus hat damals (und ich glaube, auch heute noch) einen sensationellen Leerstand. Es wurde also vom neuen Besitzer entwohnt. Meine Nachbarin schlägt vor, dass die Arbeiter hier leben könnten. Das tun sie längst. Wir finden das erst einmal dufte und feiern die tolle Idee der Nachbarin im Hof mit einem Müllbrand. Das heißt, wir stellen uns neben das bereits vorhandene Feuer, weil das so gemütlich ist, und starren gebannt auf die in der Glut äußerst ästhetisch anmutenden arabischen Pornoheftchen.

Im Frühjahr 2008 schreibe ich in mein Tagebuch:

Heute Nacht habe ich fremde Menschen im Billard besiegt. Obwohl, dieser eine Rapper war auch dabei. Der, der wie ein Fitnessstudio heißt. Seine Schwägerin singt toll. Irgendjemand hat gerufen: „Der Mann mit dem Koks ist da!" Und die Polizei kommt schon wieder nicht! Dafür bin ich beschwipst draußen am Ku'damm in eine Telefonzelle gedonnert. Totalschaden. Irgendjemand wird das von meinem Magenta-Werbelohn abziehen müssen. Heute ist ein Tag voller Blau. Der Himmel blau. Ich blau. Rest blau. Blaupause!

Ich kenne mich also mit Quatsch aus. Meistens sind wir froh, wenn wir in solchen Momenten alkoholbedingter Abwesenheit einen oder mehrere Schutzengel haben. Auch Menschen, denen es viel schlechter geht und die viel härtere Drogen nehmen, brauchen Schutzengel. Sonst gerät womöglich einmal etwas richtig in Brand, vor allen Dingen, wenn sie es sich in einem Keller gemütlich gemacht haben, um dort ihrer Sucht zu frönen. Fixer in einem Mietshauskeller, unter dem Schlafzimmer der im Parterre Wohnenden, in dem Fall uns, sind nicht die Art Untermieter, die man sich wünscht. Ich stelle fest, dass eine Alarmanlage vielleicht gar nicht so schlecht wäre, finde aber nicht die Zeit, eine passende auszusuchen. Man kann so etwas nicht im Katalog bestellen. Dafür muss man sich schon ein bisschen anstrengen. Als es dann tatsächlich im Keller unter unserem Schlafzimmer brennt, werde ich zwar nicht verrückt, aber ich frage mich, ob ich es vielleicht schon bin. Es ist vollkommen sinnlos, an der Situation etwas ändern zu wollen. Unsere Baustelle ist so persönlich und individuell gestaltet, dass es für manche Menschen einfach unmöglich erscheint, die Haustür in der Nacht abzuschließen oder Schlösser zu nutzen, obwohl sie vorhanden sind. Völlig egal. Man muss die Dinge nehmen, wie sie sind: Auch den Bauschutt auf dem Gehweg draußen, dem Hofweg innen und auf den Treppen. Verzweiflungsbriefe bleiben seit Beginn der Baustelle unbeantwortet und werden wohl gesammelt, um dann irgendwann den Ausschlag zu geben. „So, jetzt reicht es mit diesen quengelnden Mietern, die setzen wir auf die schwarze Liste." Da krieg ich echt die Krätze.

KETTENALARM

Ich mag gar nicht daran denken, wie furchtbar das wäre, wo es doch so schön ist in unserem Zuhause. Als der Abriss vom Theater am Kurfürstendamm im Berliner Senat beschlossene Sache ist, wird deutlich, wie viele Geschäftsleute demnächst in den Genuss von Schließungen ihrer Geschäfte kommen werden. Die Komödien-Theaterfamilie zieht vorübergehend ins Schillertheater. Dafür muss aber erst einmal umgebaut werden. Andere kleinere Betriebe versuchen brav, die Connection zu den großen Bauherren beim bekannten Krabbenbrötchen zu pflegen, damit sie als Erste erfahren, wen es als Nächstes erwischt. Das grenzt an Sadomaso. Manche zahlen für diesen Kick, aber in Berlin bekommst du so etwas umsonst. Ich sehe echt keinen Sinn in der Unterstützung von Bauunternehmen, die Existenzen bedrohen oder sogar vernichten. Daher gehe ich auch mit keinem von denen essen oder so. Ernst beiseite, es gibt diesen einen Moment, die Ruhe vor dem Sturm, der auch uns erreicht. Ich verbringe einen ganzen Nachmittag im Garten, bei herrlichem Sonnenschein, koche, verwöhne meine Familie und plötzlich steht an der Gartenpforte ein Trupp Männer mit Kettensägen, die sich an unserem Tor und seinem Schloss zu schaffen machen. Ich schaue einmal, ich schaue zweimal. Dann frage ich und die Antwort ist eindeutig: „Uns hat die Hausverwaltung beauftragt, hier Ihren Garten abzuholzen. Ihre Pflanzen stehen den geplanten Baumaßnahmen im Wege. Wir müssen das jetzt durchziehen." Mutig wie ich bin, halte ich die Männer auf und hole die Polizei. Die bestätigt den Sachverhalt: Eine Hausverwaltung, die so etwas anordnet, handelt nach Zivilrecht. Das gehe sie nichts an, also, die Polizei. Die Kettensägen-Männer sind erst einmal abgezogen. Und ich hoffe, sie haben ein Einsehen. Wir gehen abends ins Konzert. Als wir wiederkommen, gibt es unseren Garten nicht mehr. Außerdem ist der Keller aufgebrochen und die Balkontür beschädigt. Dies ist der erste Einbruch – und der Auftakt zum Abschied vom Zuhause. Ich weiß nicht wirklich, wie ich mich verhalten soll, bin einfach zu perplex. Telefonate mit der Hausverwaltung helfen nicht weiter. Ein Missverständnis sei das alles – und dass bei uns auch noch eingebrochen worden sei, grenze ja wohl an eine Katastrophe. Da bin ich beruhigt, dass ich nicht der Einzige bin, der das so sieht. Mein Instinkt, meine Verbindung zu Dir ist gestört. Vertrauen kommt nur langsam zurück und ich halte das nur mit Beten aus, sonst würde ich wahrscheinlich jemandem fürchterlichen Schaden zufügen und damit den Kontakt zu Dir schwer beschädigen.

HUNDEALARM

Irgendwann während dieser Zeit lasse ich eine Veränderung in meinem Leben zu. Vieles, von dem ich noch heute zehre, ist plötzlich da. Das ist nicht philosophisch gemeint, eher pragmatisch. Die Kraft für etwas Neues, eventuell einen neuen Beruf, klopft an meine Tür. Diese Kraft ist schlau und lieb, vor allem zu mir selber. Ich lerne, Pausen zu machen, spazieren zu gehen und etwas sportlicher zu sein. Ein winzig kleiner Havaneser Hund löst den Urknall aus, als ich nicht sofort reagiere, weil ich das Klopfen an der Tür überhöre. Ein Hund. Was macht der mit mir?

Ich bin auf Tournee. Was das bedeutet, ist klar: Wie wurzellos herumgetrieben bin ich. „Das macht doch nichts, das geht vorüber!", höre ich oft. „So viele Menschen, aufregende Städte und künstlerische Herausforderungen!" Richtig, doch die Einsamkeit kommt wie eine Epidemie. Ich kann sie nicht aufhalten, erst recht nicht zu Beginn ihres Auftretens, denn sie tarnt sich als Komfortzone. Sie ist einfach da und ich steuere nur langsam gegen. Eines meiner Ausweichmanöver führt mich ins Internet. Ich klicke mich durch Hundebilder und das ist für gewöhnlich ein riesiger Zeitfresser. Champ hilft mir von zu Hause aus an ihrem Rechner, genau, meine liebe Frau findet das frechste Hundegesicht auf einer Seite, die einem Schuster aus Charlottenburg gehört. Ich verliebe mich sofort in diesen schiefen Kopf und die braunen Augen von „Blaues Halsband". So heißt er aktuell noch. Der Hund, nicht der Schuster. Bei der nächsten Gelegenheit fahre ich nach Berlin und besuche den Schuster. „Blaues Halsband" wird in Tobi umbenannt und ist ab jetzt an meiner Seite. Wenn ich schon rumreise, dann in Begleitung. Tobi hilft mir, die Erlebnisse im australischen Urwald vom Frühjahr 2017 zu verarbeiten und meine sich anbahnende finanzielle Katastrophe nüchterner zu betrachten. Viele unangenehme Sachen passieren, obwohl ich konsequent abstinent lebe. Ich weiß, was Tobi mit mir macht, und es ist mir nicht peinlich, das hier zuzugeben. Tobi zeigt mir meine guten Seiten auf und hilft mir, ich selbst zu sein. Auch ohne diesen Hundefreund bin ich bereits viel spazieren gegangen und habe meine Umgebung, mich und die Gegenwart reflektiert. Aber ich war allein und wurde oft schräg angeguckt, wenn ich frühmorgens wandern ging. Mit Tobi an meiner Seite mache ich das mit einer fröhlichen Selbstverständlichkeit. Ich mag mich selber wieder mehr und klopfe mir öfter auf die Schulter.

Havaneser gelten als Therapiehunde. Es ist gut, sich Hilfe zu holen, ich kann dazu nur ermutigen. Havaneser können eine Stütze sein in traurigen Momenten. Ich kann mit Tobi eine Ausbildung machen. Dann darf er zum Beispiel in der Sterbebegleitung Hilfe leisten. Das hört sich jetzt vielleicht bedrückend an, ist es aber nicht, denn diese Hunde bereiten vor allem Menschen Freude, die nicht mehr viel Zeit auf diesem Planeten haben.

HUSKY-ALARM

Tobi ist ein Charmeur, vor allem bei anderen Hunden. Da macht er keine Ausnahmen, ob Männlein oder Weiblein. Er ist dermaßen defensiv, dass er nicht zum Wachhund taugt. Daher denke ich darüber nach, mir eine Alarmanlage anzuschaffen. Der Überfall in unserem alten Zuhause wirkt nach. So etwas möchte ich weder Champ noch unserem Jungen ein zweites Mal zumuten. Sogar Tobi profitiert von meinen Erfahrungen mit den Einbrechern, denn ich bringe ihm bei, bei Konflikten seinem Gegenüber ins Gesicht zu sehen. Konflikte und aggressive Hunde begegnen Tobi als kleinem Hund oft und er rennt anfangs immer davor weg. Das ist ein Fehler, denn dann setzt der Jagdinstinkt beim Verfolger ein. Tobi erlebt sein schmerzvolles Schlüsselerlebnis mit einem japanischen Husky, der ihn jagt und ihm wehtut, als er Tobi stellt und mit einem Nackenbiss am Boden hält.

Auch wir sind nach dem Überfall in so einer Art Schockstarre, aber unsere Verbindungen im Berliner Netzwerk führen zu sehr subtilen Reaktionen auf diesen Vorfall. Ich brauche selbst gar nichts tun, doch schaue ich meinem Gegner bei jeder Gelegenheit fest in die Augen, denn auch ich esse gern Krabbenbrötchen – mit dem einen Unterschied: Ich bin Familienvater, den sie in seinem Zuhause angegriffen haben. Face to Face! Trotzdem, wir sind weggerannt vor dem Übel, doch das hat mit der Psychologie von Einbrüchen zu tun. Manchmal ist der Bruch so tief, dass man da einfach nicht mehr leben will.

Tobi passiert so ein Mist wie mit dem Husky nie wieder. Ich helfe ihm, immer Face to Face zu bleiben mit anderen Hunden, auch wenn es ihm schwerfällt. Tobi ist ein Tier, muss diesen Trick beherrschen. Er schafft es, gleich beim nächsten Konflikt mit einem größeren Hund nicht mehr wegzurennen. Er schützt sich, indem er mit seinem ganzen Körper signalisiert: Hier bin ich, ich zeige mich dir. Das funktioniert bei Menschen, die zum Beispiel keine Kampfausbildung haben, nicht so selbstverständlich. Ich als Mensch muss mich schützen, wenn jemand in meine Wohnung eindringt und meine Familie bedroht.

Gut gebrüllt, Löwe. Apropos brüllen. Es gibt Computerspiele, da schreien die Hauptdarsteller jedes Mal, wenn sie zuschlagen. Wenn dein Kind keine Kopfhörer hat, dann hörst du diese Schreie den halben Tag lang. Vorausgesetzt, er oder sie gibt sich richtig viel Mühe und wendet viel Zeit auf, um diese Schrei- und Schlag-Spiele zu bewältigen. Irgendwann merkst du dann, dass an anderer Stelle etwas auf der Strecke bleibt. Das Kind ernährt sich eventuell nicht mehr so supergut und geht nur noch zum Atmen vor die Tür. Trotzdem schreibt dein Sohn oder deine Tochter gute Noten, vielleicht sogar sehr gute, und ist lieb und zuvorkommend. Wenn auf dem Höhepunkt der wunderbar erfolgreichen Zeit im Computerspielland diese Eigenschaft des Zuvorkommendseins flöten geht, dann spätestens fängst du an, nachzudenken. Eltern denken sehr gern nach – vor allen Dingen über ihre Kinder. Das sollten sie allerdings nicht übertreiben. Da allgemein behauptet wird, ich sei ein Mann der Tat, setze ich meine Erkenntnisse lieber in die Tat um. Der Entschluss ist gefasst: Tobi geht als Geburtstagsgeschenk an meinen Sohn. Die Freude hält sich überhaupt nicht in Grenzen – und ab sofort wird der Computer gnadenlos vernachlässigt.

Nach zwei Wochen Hundezeit hänge ich ein schwarzes Trauerschleifchen an den Computerbildschirm. Er hat verloren und Tobi ist der Held an der Seite seines neuen Herrchens, was Tobi selber guttut, denn mein Junge ist ein gesegneter Spieleerfinder. Tobi lernt Hundetricks – und zwar richtig gute. Das macht ihm kein noch so guter Wachhund nach. Er sammelt als neuer Freund meines Jungen Leckerli als Belohnung für seine neuen Kunststücke: Totstellen, Rollen, Knurren, Schämen und Pfote. Ich bin überrascht, dass alles so gut geklappt hat mit der Computerentwöhnung! In unserem Garten tobt Tobi immer seine kleinen Ticks aus und rennt zwischen den Bäumen hin und her. Er freut sich so sehr, dass ich mich doppelt mitfreue. Eine bessere Therapie gegen Traurigkeit und Ängste kann es vermutlich nicht geben. 2017 komme ich auf die Idee, Buddelsand in der Mitte des Gartens aufzuhäufen und einen kleinen Teich anzulegen. Das wird super. Ich setz mich manchmal einfach daneben und schaue Tobi beim Graben zu.

Tobi ist jetzt an der Seite von Silvester, ich vermisse ihn sehr. Und ich tue mich schwer, nach einem zweiten Hund Ausschau zu halten. Doch gerade steht eine neue Tournee an und ich möchte nicht wieder allein reisen. Wäre auch dumm, weil ich in Tobis Gesellschaft mein Talent für aktive Selbstannahme entdeckt habe. Und so stehe ich rasch wieder vor der Haustür vom Schuster mit den frechen Hundebabys.

UTZY-ALARM

Und prompt entdecke ich dieses kleine dicke Welpenwesen in der Ecke spielen, mit einer offensichtlich guten Mutterbindung. Der kleine Havaneser trollt sich gern ein bisschen abseits von den anderen. Er sieht so aus, als ob er in einen Topf mit Schokopudding gefallen ist. Sein rotes Haar scheint gefleckt und ich denke laut: „Na, wer ist denn der kleine Schmutzfink?" Das ist „U" oder „Rotes Halsband" und „U" ist der Letzte im Wurf und hat eine große Klappe. Beim Schuster gibt es noch einen Familienwachhund, Odin genannt, und der ist für einen Labrador ein ziemlicher Brocken und für „U" eindeutig zu wuchtig. Vielleicht ist Odin dem Welpen „U" einmal versehentlich ins Gesicht getrampelt, jedenfalls hat „U" später im Leben ein sehr angespanntes Verhältnis zu großen Hunden. Große Hunde haben vor „U" auch eigentlich Angst, weil „U" immer gleich die Zähne fletscht und knurrt. Zubeißen würde der kleine Stinker nicht, außer vielleicht bei Huskys. Er weiß einfach nur im Vorfeld schon genau, wie er sich zu verteidigen hat und zukünftig auch mich. Er könnte eigentlich Zeus heißen. „U" ist nun mein großer Liebling. Ich darf ihn auch gleich mitnehmen. Und im Gegensatz zu Tobi, der beim Transport ganz brav auf dem Beifahrersitz einschlief, muss ich „U" in eine Hundetasche tun, weil er sofort versucht, seinen Platz bei mir auf dem Schoß einzunehmen – und das ist während der Fahrt sehr gefährlich. Ich fahre rechts ran und spreche den kleinen Welpen mit seinem neuen Namen an. „Utzy!", sage ich zu ihm, „Utzy, du musst jetzt in die Tasche." 90 Minuten später ist diese Tasche in einem sehr lädierten Zustand. Utzy hat versucht, sie zu zerlegen. „Utzy?", fragen viele Leute, „Warum so ein komischer Name? Utz kennt man aus Tirol, aber Utzy, also wirklich!" Ihr könnt mir alle einmal im Mondschein begegnen ... das ist Utzy, der Rächer der Überfallenen und Geschändeten, das werdet ihr schon sehen. Mein Freund fürs Leben hat auch seine Macken, denn wo Tobi eher zurückhaltend ist, beim Fressen nämlich, stürmt Utzy wie wild los und wendet den Staubsaugereffekt an. Essen bedeutet für ihn kämpfen und ich muss aufpassen, dass er Tobis Napf nicht auch noch leer frisst. Er isst vor allem zu schnell, also müssen Spezialnäpfe her mit kleinen Hügeln auf der Fressfläche, um die Geschwindigkeit zu bremsen. Damit wird es etwas besser.

Beim Alarmschlagen, Wachen oder ich nenne es einfach Bellen ist Utzy eine Zauberkiste, die sich rasch zu einer Nervenkiste steigert. Nein, das ist jetzt unfair ihm gegenüber, denn ein bisschen lernt er schon dazu. Nicht bellen, wenn mein Sohn aus seinem Zimmer kommt. Wenn Champ nach Hause kommt und schon in der Tür steht, also sichtbar, dann auch nicht bellen! Wenn ich sage: „Aus!", darf er dreimal leise bellen, danach ist Schluss. Dann gibt es eine Belohnung. Wenn er weiterbellt, gucke ich sehr traurig, also enttäuscht, und stelle mich in die Ecke. An seiner Stelle in der Ecke stehen, das funktioniert nicht, ich habe keine Ahnung, warum. Utzy ist schlau und denkt, dass ich spielen möchte. Aber ich gucke ihn neuerdings sehr streng an. Hilft auch nicht. Seit Utzy da ist, ist es für Tobi doppelt schwierig, weil der Kleine scheinbar die meiste Aufmerksamkeit bekommt. Das heißt, er wird viel gestreichelt, Tobi natürlich auch, aber Utzy mehr, denn er kommt direkt an meinen Körper ran, springt auf meinen Stuhl – und auf dem Sofa will er neben mir liegen. Tobi darf das alles auch, aber er macht es nicht mehr. Stattdessen entwickelt er eine Macke, die fast sechs Wochen andauert. Er kratzt sich bei jeder Gelegenheit, während er mich anguckt, wie ich mich mit Utzy beschäftige. Er kratzt sich, als gelte es, ein auf die Haut geklebtes Kostüm zu entfernen. Der Grad an Selbstzerstörung wird weniger, je mehr ich mich mit ihm beschäftige. Ich muss den Fokus also zurückverlagern auf Tobi. Das funktioniert richtig gut. Utzy nimmt es gelassen, erobert stattdessen den Küchentisch und räumt die Essensreste ab.

Ich erinnere mich daran, wie es ist, die totale Aufmerksamkeit von einem Moment zum anderen wieder entzogen zu bekommen. Insofern kann ich nachvollziehen, was Tobi durchmacht. Eine solche Situation erfordert eine Reaktion von außen, eine liebevolle Reaktion.

SYSTEMALARM

Als Schauspieler versetze ich mich ständig in die Psyche anderer Menschen hinein. Ich fülle meine Rollen ganz aus, tue nicht nur so, als ob. Es muss auf den Punkt passen. So bist du ein guter Akteur und Geschichtenerzähler – und das Ergebnis macht dann etwas mit dir und dem Publikum. Wir Profis (ja, es gibt auch Laien) sind derart darauf geeicht, sämtliche Synapsen zur Verfügung zu stellen und damit wandlungsfähig zu sein, dass unsere Seele während der Arbeit in einen Schutzraum eintreten muss. Gute Regisseure und Produzenten helfen dabei, die Schutzräume ihrer Schauspieler zu festigen. Das braucht System. Wenn das nicht funktioniert, ist es schwer für viele Schauspieler, nach Drehschluss umzuschalten. Für mich gilt das auf jeden Fall.

Ich finde, ein vergleichbares Schutzsystem könnte für jede Art von Arbeit, die Momente vollständiger Konzentration erfordern, zur Hilfe genommen werden. Denn wenn ich eine bestimmte Sache über viele Stunden hochkonzentriert durchziehe, dann brauche ich ein Ritual, um da drinnen sicher zu sein und sicher wieder rauszukommen. Bei mir ist das Ritual zum Rauskommen, mich in die Mitte meiner Künstlergarderobe zu stellen, bewusst auszuatmen und aus dem Schutzraum – ich nenne das einfach so, auch wenn dieser Raum nur imaginär ist – herauszutreten, um dann auf einer anderen, privaten Ebene wieder präsent zu werden. Ich bin dann schneller zurück in der Realität.

Die beiden Hunde verstehen sich glänzend. Die haben ihr eigenes System. Die Rangordnung funktioniert immer mal wieder ganz gut. Tobi hat die Überhand und ist der Chef in meinem Auto. Utzy arrangiert sich, indem er beim Fahren schläft. Tobi ist ein vornehmer Lord, Utzy ein sympathischer Künstlertyp und ringt immer sehr nach Aufmerksamkeit. Im Garten ist Utzy der Chef, weil er tiefer buddeln kann. Im Freien sind die beiden ein perfektes Team und empfangen sogar Besuch von anderen Hunden, auch Weibchen. Die werden dann mit Gebäck verwöhnt und dürfen im Sand buddeln.

Aber nach der Kettensägenattacke ist unser Garten ein Schlachtfeld, zerstörte Pflanzen und Kunstobjekte, selbst die Möbel haben etwas abbekommen. Hier ist das System Heimat zerstört, das Nest brennt – das hat sich also sowohl für die Hunde als auch für die Familie erledigt, das mit dem Garten. Uns hält nichts mehr in unserem alten Zuhause. Während wir noch überlegen, was zu tun ist, passiert ein weiterer Einbruch, dieselbe Masche. Bei diesem Einbruch erkenne ich die Täter und finde heraus, von wem sie beauftragt wurden, uns Angst einzujagen, damit wir die begehrte Wohnung verlassen. Es ist kaum zu begreifen, dass die verantwortliche Immobilienfirma tatsächlich so weit geht und so viel Ärger provoziert. Kurz darauf wird Champ am helllichten Tag im Hinterhof von einem Angestellten der Bauleitung bedroht. Es fällt der entscheidende Satz: „Wenn Ihnen Ihre Gesundheit etwas wert ist, dann gehen Sie hier weg."

BRÜCKENALARM

Wir haken die 14 Jahre in unserem Zuhause ab und sehen uns nach einer neuen Bleibe um. Der Sommer sitzt mir noch in den Knochen, denn seit drei Jahren bin ich bei den Bad Hersfelder Festspielen als

Schauspieler engagiert. Davor waren es drei Jahre Worms. An beiden Stationen war Dieter Wedel Intendant. Die Ära Wedel geht zu Ende und Joern Hinkel übernimmt als Intendant. Über Wedel habe ich einmal einen Bericht für die Festspielzeitschrift in Worms geschrieben:

Ich habe überlebt.

Quer durch die Republik fahre ich zu einem Flecken im Wonnegau. Worms ist das Ziel. Dort, wo Theater als Naturereignis regiert. Wedel hat gerufen. Ein schwüler Sonntag im Mai. Zunächst begrüßt Wedel das gesamte Team mit allerhöchster Wertschätzung und Aufmerksamkeit, explizit die Kleindarsteller und Gewerke. Von nun an steht hochkonzentriertes Arbeiten unter der Ägide des Altmeisters an. Seine Zügel hält er straff. Mir zeigt er den Weg zu einer poetischen und politischen Vision meiner Figur. Während der kommenden Wochen wird die Wucht von Wachstum und Wandlung, die Dieter Wedel täglich abfordert, in meinem Körper, meinem Herz und meiner Seele ankommen. Ruhe ist was anderes. Ich tauche tief ein in die verborgenen Abgründe vom Nibelungenstoff. Drückende Hitze liegt über der alten Stadt. Alle sehnen sich nach einem befreienden Regenguss. Keiner ahnt, wie befreiend es bald tatsächlich wird. Vor allem für Dieter Wedel.

Wedel hasst Mittelmaß, in jeder Beziehung. Eher fängt er für seine Schauspieler und sein Publikum noch den Mond ein oder baut eine Brücke ins Jenseits, als dass er etwas Seichtes akzeptiert. Er selbst ist ein Naturereignis. Der Schlamm, in dem sein gesamtes Ensemble schließlich nach dem ersehnten Regenguss allabendlich spielt, macht Sinn. Dieser Schlamm zwingt zu Ernsthaftigkeit und erzeugt Komik zugleich. Ich habe es verstanden, wenn auch spät!

Tja, unser Mond zieht langsam über diese Stadt, und er überquert sie doch. „Der Botschaft von Dieter Wedel sollte man aufmerksam zuhören!", denke ich jeden Abend: „Nicht zu wissen ist schlimm, nicht wissen zu wollen ist noch schlimmer", sagt er. Und ich gehe heiß duschen, singe meine Ode an die Freude und spüre wahrhaftig, dass ich noch lebe.

Markus

Ich gerate in Bad Hersfeld noch während der Ära Wedel in eine Sackgasse. Das Publikum, die Kollegen, die Crew – alles ist auf höchstem Niveau miteinander verwoben. Aber der Druck, den Wedel auf Menschen ausübt, seine Stückauswahl und insbesondere sein respektloser Umgang mit der Biografie vom Reformator Martin Luther in einer seiner letzten Inszenierungen stoßen mich ab. Die Umstände von Wedels Entlassung und das Thema Missbrauch machen mich befangen. Die Anschuldigungen gegen ihn erschüttern mein Vertrauen.

Der neue Intendant Joern Hinkel beendet endlich alles Schlechte. Der Druck verschwindet. Er ist ein wunderbarer Mensch und Künstler. Wir sind seit Worms eng befreundet, was mir immer hilft, mit Gefühlen von Unzulänglichkeit umzugehen, die bei mir auftauchen, wenn ich mich nicht tief genug in einen Theaterstoff hineingrabe. Joern schiebt mich an und öffnet mit seiner Art, intime Fragen zu stellen, bestimmte verschlossene Türen bei mir, was ich nur für kurze Zeit ertragen kann, da ich sonst wahrscheinlich wahnsinnig werden würde. Ich habe Angst davor, was dahinter liegt, aber ich kann die Energie gut auf der Bühne nutzen, wenn ich mich an Abgründen bewege und schließlich springe.

Ich pendle im Jahr 2018 mehrmals die Woche zwischen Bad Hersfeld und Berlin auf der Autobahn hin und her, da ich in Berlin parallel zu den Festspielen am Schlosspark Theater spiele. Es werden im August ungefähr zwölf Pendelfahrten, an Erfurt vorbei und durch viele Baustellen hindurch. Immer wieder kann ich gegen 2 Uhr in der Früh die Höchstgeschwindigkeit ausreizen, habe die leere Autobahn vor mir und treibe den Wagen streckenweise bis auf 180. Den aufkommenden Impuls, an einem Brückenpfeiler mein Leben zu beenden, kann ich weder aufhalten noch erklären – und ich werde schließlich süchtig nach dem Gefühl, mehrmals die Woche an dem Pfeiler vorbeizurasen, an dem ich mich bereits kleben sehe.

Ich möchte das hier stehen lassen, weil Du mir damals hilfst, meinen Tod zu verhindern. Ich spreche mit Jürgen darüber und mit Freunden in den Selbsthilfegruppen, was mich dazu bringt, mehr Selbstfürsorge zu betreiben und mich von meinen dunklen Gedanken abzuwenden. Ich bin Vater, Ehemann, Sohn und mein Leben ist ein Geschenk. Meine Hunde sind auf Reisen bei mir, mindestens einer, auch das bedeutet für mich Verantwortung.

Übrigens ist für mich völlig verständlich, dass hier beim Lesen einige Köpfe hin und her wackeln. Daher auch dies: Selbstverständlich habe ich mir professionelle Hilfe geholt nach diesen Vorfällen.

SICHERHEITSALARM

Überfallen werden, Wohnung verlieren und Todessehnsucht spüren: Das ist eine beschissene Übung, die ich mir gern erspart hätte. Trotzdem macht diese Übung mich stark. Ich muss lange suchen. Ein neues Zuhause fällt auch in Berlin nicht vom Himmel – zumal Charlottenburg unser Wunschkiez ist –, aber die Suche macht ebenfalls Sinn und bereitet manchmal sogar Freude, vor allen Dingen alte Wohnungen und alte Häuser zu entdecken, die aussehen wie die Villa Kunterbunt von Pippi Langstrumpf. Ja, genau, die haben es mir angetan. Bei all der Not und Angst halte ich mich mit der Suche nach Geborgenheit über Wasser. Ich bleibe in Bewegung, während ich gleichzeitig den neuen Text lerne für das nächste Stück, eine Weihnachtskomödie, im Theater an der Kö von René Heinersdorff.

Für die Proben nehme ich jetzt den Zug nach Düsseldorf. Auch da ist die Wohnsituation anfangs sauschwierig. Später wird es besser – und ich weiß, auch das kann vorkommen. Ich lerne gerade, die Umstände zu akzeptieren.

Das Zwanghafte an meinem Bedürfnis nach Schutz macht mich traurig. Schutzräume einzurichten und zu verteidigen, damit es der Familie besser geht, das hat nichts mehr von Selbstverständlichkeit und unbekümmertem Leben. Ob das wohl irgendwann wiederkommt, das Gefühl von Sicherheit?

Als ich meine Theaterwohnung in Düsseldorf beziehe, muss ich laut lachen, denn durch mein Schlafzimmer fahren quasi Lastwagen. Ich muss so sehr lachen, dass mir die Augen tränen, und schließlich bekomme ich einen handfesten Hustenanfall und löse mich in meine Einzelteile auf. Erschöpft schlafe ich ein. Und träume.

Ich stehe in einer kleinen Gruppe von Menschen, wir schreien. Eine Lawine rast an uns vorbei. Das Rasen scheint nicht aufzuhalten zu sein, lauter einzelne Teile in einer Bewegung nach unten. Wir stehen und schreien. Leben leuchtet aus unseren Körpern. Die Bewegung der Lawine geht nach unten. Ein Organismus, der alles verschlingt und nichts zurücklässt. Nur uns, die wir schreien. Die Lawine gibt kein Geräusch von sich. Wir spüren unsere Langsamkeit und sehen die Raserei. Etwas scheint zwischen den Teilen zu sein. Etwas, das nicht selber Teil ist. Etwas, das die Lawine zusammenhält. Etwas Schreckliches. Wir sind achtsam, damit wir nicht kleben bleiben. Wir stehen so fest, dass Wellen an uns brechen. Plötzlich lösen sich Gestalten aus der Lawine. Sie bleiben stehen und schreien, so wie wir. Die Lawine ist der Rausch, der im Fall nichts zurücklässt. Außer uns, die wir schreien. Unsere Gruppe wächst, Ruhe kehrt ein. Und Sprache. Das Wort, das wir schreien, ist Liebe. Und etwas, das sich anfühlt wie eine schreckliche Angst, rast davon.

Beim Aufwachen rieche ich nach Abgasen und die Wände rattern wie in der Achterbahn die Gleise. Also ist klar: So wenig wie möglich hier übernachten, sicher ist sicher. In jeder freien Minute fahre ich zurück nach Berlin und bereite den Umzug vor. Er findet schließlich mithilfe der gesamten Familie statt – Schwester, Mutter, Neffe, Sohn, Ehefrau. An zwei Tagen ziehen wir das Ding durch und werden im neuen Heim Monate erst danach begreifen, was alles beim Umzug kaputtgegangen ist.

Wir halbieren unsere Wohnfläche und sind trotzdem happy, vor allem mit unseren neuen Vermietern, ein bezauberndes, geradliniges Paar aus der Berliner Immobilienwelt, denen das Alt-Berliner Gebäude auch gehört. Hier kann man wieder sehen, was Klischees und Vorurteile wert sind, denn diese beiden Spezialisten für die City West sind nicht nur zuverlässig und fair, sondern außerdem bestens informiert über alles, was in unserem Charlottenburger Kiez geschieht. Alles, was man über angebliche Immobilienhaie hört, trifft auf Sibylle Lunkenheimer und Alexander Prokopetz nicht zu. Sie geben 100 Prozent Einsatz und spielen mit offenen Karten, sodass beide Seiten gewinnen können, wenn man sich an die Regeln hält. Ihre Geradlinigkeit gibt uns die langersehnte Sicherheit wieder.

Obwohl die meisten Ereignisse während der vorangegangenen Krise einigermaßen nachvollziehbar sind, können genau die Momente, in denen Champ und ich aus der Kommunikation gegangen sind, besonders schmerzhaft sein. Uns gelingt irgendwann nicht mehr, einander jeden Abend zuzuhören. Kein Zaubertrick ist zur Hand, um aus dem Dilemma herauszukommen. Wir stellen die Kommunikation wieder her, nach vier Wochen Pause, auch bedingt durch meine Abwesenheit in Düsseldorf, und machen eine tägliche Inventur zum Ritual. Am Ende lachen wir auch wieder miteinander, finden Lösungen und Schlüssel für verriegelte Schlösser – aber nicht für alle Schlösser. Manche bleiben zu, in mir vergraben und überlagert von Erlebnissen, über die ich nie sprechen wollte.

Eines Tages finde ich Briefe aus meiner Grundschulzeit, in denen ich ein Ereignis mit einem Lehrer anspreche, der mich belästigt hat. „Markus, du bist doch eigentlich ein Mädchen! Spürst du das? Darf ich meine Hand auf deinen Schenkel legen?" Die Briefe sind an meinen Vater gerichtet, den ich um Hilfe bitte. Da ich die Briefe aber nicht abgeschickt habe, bin ich mit dem Problem allein geblieben.

Ich glaube, Schule ist in jeder Gesellschaft der Schlüssel zur Zukunft, und Du weißt, dass schlimme Erlebnisse zu einer noch größeren Last werden, wenn sie nicht aufgearbeitet werden. Bleiben sie unausgesprochen und geheim, ist nicht nur in der Vergangenheit alle Sicherheit zerstört, sondern auch in der Gegenwart. Verletzte Menschen neigen dazu, andere Menschen zu verletzen oder ihre eigene Verletzung fortzusetzen. Ist das Dein Plan?

Nein! Das Schließen meiner Augen hat eine Kraft, die ich täglich im Schlaf spüre. Während ich träume, sammle ich Eindrücke und halte selbst das Schlimmste aus. Mit dem Öffnen meiner Augen nehme ich Gegensätze wahr und akzeptiere, dass die Gemeinsamkeiten verborgen sind. Ich träume oft von Dingen, die mich von allem trennen. Wenn ich sie aufschreibe, erkenne ich Gemeinsamkeiten.

Ich schließe die Augen und wünsche mir, endlich von etwas anderem zu träumen: von Tanzen und Freiheit vielleicht? Ohne Schmerz und Angst.

In meinem Traum ist ein herrlicher Sommertag. Eine Woche hat meine Kollegin Anastasija Kravchenko mit mir den Tango Argentino für das

TV-Format „Let's Dance" trainiert! Und heute tanzen wir uns in die Herzen vom Publikum. Wir schweben mit der letzten Tanzfigur aus dem Studio und landen auf einer sonnendurchfluteten Wiese, wo wir mit Anastasijas Partner Jesper und meiner Champ zum Horizont tanzen, weit weg von Showtrubel und Kameras.

Ich habe mich beim Aufwachen über meine juckenden Augen gewundert. Meine Träume sind so wirklich, dass sie in den Tag hineinwachsen. Es heißt doch: Wenn es juckt, dann ist Heilung im Gange. Also Augentropfen rein und weitermachen, ohne schlimme Träume. Der Tango Argentino ist nach meiner erfolgreichen „Let's Dance"-Einlage zum Lieblingstanz von Champ und mir geworden. Wir nehmen Unterricht und erweitern hin und wieder unsere Fähigkeiten. Auch nach längeren Pausen kehren wir immer wieder zu unserer gemeinsamen Leidenschaft zurück.

3 — GOTT

Wenn ich morgens aufstehe, dann schaue ich zuerst, ob ich verbunden bin mit Dir, mein liebender Gott. Ich stelle die Verbindung zu Dir her und versuche, durch die Ängste hindurchzugehen, die ich vielleicht vor dem Versagen habe, versuche, den Schmerz auszuhalten, der mein Herz oder meinen Rücken bedrückt.

BEGLEITUNG

Ich nehme mir Zeit für unsere Kommunikation. Danke, dass ich klar und gesund bin. Danke, dass Du Deine schützende Hand über mich hältst. Bin ich gut genug vorbereitet für die Arbeit? Schaffe ich es, mein Wasser und Pausenbrot zurechtzumachen? Oder werde ich es gleich wieder vergessen? Nehme ich mir genug Zeit für Champ und unseren Sohn beim Frühstück? Wie werde ich heute mit Schwierigkeiten umgehen? Kann ich die Hunde mitnehmen oder wird der Tag zu lang und sie müssen bis mittags warten, wenn Champ und Silvester kurz nach Hause kommen?

Bitte führe mich! Hilf mir, mit meiner Sprunghaftigkeit zurechtzukommen! Ich bekomme meistens Zuversicht und Kraft von Dir. Ich weiß nicht, wie Du das machst – kaum habe ich Dir von mir erzählt und schaue gemeinsam mit Dir in die eine oder andere dunkle Ecke und teile meine Gefühle mit Dir, schon geht es mir etwas besser. Man könnte auch sagen, dass ich da morgens meine Inventur mache, nur eine kleine, manchmal hektische – aber diese Inventur tut gut.

Und das ist nur der erste Teil der Übung, der zweite Teil ist ein bisschen komplizierter. Was passiert, wenn ich heute supererfolgreich bin und die Glücksgefühle mit mir durchgehen? Werde ich meinen Dickkopf durchsetzen müssen oder kann ich der sein, der ich eigentlich bin, ein fröhlicher Schusselkopf, der sein Bestes gibt, dem vieles gelingt und der nicht bei jedem Rückschlag verzweifelt und bei jedem Erfolg sofort die ganze Welt umarmen möchte, koste es, was es wolle? Das ist überhaupt nicht einfach, denn in mir ist ein Motor, der bei Erfolg zu Hochform aufläuft. Die Kraft des Motors verselbstständigt sich, wenn ich mich nicht bewusst ausbremse und bei Dir andocke. Ich bitte Dich jeden Morgen darum, mir die Liebe Deines Geistes zu schicken, um mich von der Last meines Egos zu befreien, mir die Chance zu geben, ein einfacher, umgänglicher Kerl zu sein.

Ich habe viel in meinem Leben „genommen" und ich möchte etwas zurückgeben. Wenn ich mit Dir darüber kommuniziere, was Dein heiliger Plan ist, kann ich irgendwann im Laufe des Tages eine Abzweigung, die Du mir zeigst, nehmen – und dann wird das Fahrwasser meines Treibens etwas ruhiger. Ich halte mich an ein gut funktionierendes Prinzip: „Nicht mein Wille geschehe, sondern Deiner!" Manchmal bin ich am Morgen gleich im Flow, ruhig und bedacht. Das liegt dann daran, dass ich bereits am Abend vorher eine Inventur gemacht habe. Wenn ich für etwas um Verzeihung bitten muss, etwas besser machen oder einfach nur hinnehmen kann, dass ich Fehler gemacht habe, dann tue ich das. Und ich gebe mir jeden Tag eine Anerkennung, dass ich das umsetzen konnte, was Du für mich vorgesehen hast. Mir klar zu werden, was am Tag zuvor schiefgelaufen ist und ob ich meinen Dickkopf durchsetzen musste oder nicht und wohin das geführt hat, hilft mir, Fehler zu vermeiden.

Du begleitest mich, auch wenn ich beruflich durchatme und lange Pausen brauche. Ich darf dann zu Hause bei Champ, unserem Sohn und den Hunden sein. Es ist nicht leicht, beruflichen Stillstand auszuhalten, das Nachlassen des Erfolges einfach hinzunehmen, auch wenn ich weiß, dass mein Platz im Zentrum der Familie sicher ist.

Eines Tages fragt mich Silvester – er ist noch sehr klein –, wer sein Großvater ist, den er nie kennengelernt hat. Als ich von Opa Heinrich erzähle, bittet er mich, Musik anzumachen, bei der mein Vater das Cello spielt. Von der Cello-Suite Nr. 1 in G-Dur von Johann Sebastian Bach habe ich eine Aufnahme seines letzten Konzerts in Berlin. Silvester möchte den ersten Teil, das Prélude, immer wieder hören. Am liebsten schauen wir noch heute alte Filmaufnahmen, auf denen die Berliner Philharmoniker zusammen mit ihrem Chefdirigenten Herbert von Karajan zu sehen sind, mein Vater mittendrin bei den zwölf Cellisten. Sein schlanker Kopf ragt immer wieder hervor und Silvester freut sich, wenn Opas Kopf im Rhythmus hin und her wiegt. Dich kennt er schon, weil Champ und ich viel von Dir erzählen. Die Erlebnisse mit meinem Vater und schließlich auch sein Tod und die Trauer darüber bringen ihn zu der Frage, was Trauer ist. Ich versuche, ihm zu erklären, was dieses Gefühl mit einem Menschen machen kann, auch im positiven Sinne.

Und einige Abende später beginnen wir damit, unsere persönlichen Gutenachtgeschichten zu erfinden, echte Abenteuer mit verliebten Drachen, Erdbeereis schleckenden Riesenkraken, wilden Piraten, Tauben und ein paar Schimpfattacken gegen Dich, weil eine unserer Protagonistinnen ihren Schmerz und ihre Trauer nicht aushält und Dich anklagen muss. Das hältst Du aus und gehst zur Tagesordnung über, Deinem göttlichen Plan zu folgen.

ERINNERUNG

Die Erinnerung an meinen Vater gibt unseren Gutenachtgeschichten eine bestimmte Richtung. Da gibt es den Vater Modjo, seinen Sohn Rocco, genannt Mütze, seine Tochter Sarah, genannt Zasar, und die verstorbene Mutter Ginelda, genannt Gina. Für Silvester hat besonders gut funktioniert, dass wir Gina als Stimme aus dem Himmel sprechen lassen. Er konnte dadurch wahrscheinlich eine andere Perspektive einnehmen, die es ihm erlaubte, umsichtig mit schwierigen Tabuthemen umzugehen. Jeden Abend darf er bestimmen, was diesmal in unserer Gutenachtgeschichte vorkommen soll – ein Rennwagen, ein Hubschrauber, ein Vulkan, Du in dicken Wolken über der Stadt? – und schon fabuliere ich drauflos:

„Es gibt Momente, die sind einfach seltsam. Manchmal verstehen wir nicht gleich, was los ist. Nicht alles läuft so, wie wir es gerne hätten. Manchmal müssen wir erst mal eine Nacht drüber schlafen. Ganz oft wollen wir trotzdem jetzt und sofort eine Erklärung für alles. Und noch viel öfter möchten wir möglichst unseren eigenen Kopf durchsetzen. Das kann schwierig werden, hauptsächlich wegen der Köpfe der anderen Menschen. Alle Menschen dürfen glücklich sein. Die Frage ist, wer darf zuerst? Ich kenne Leute, die suchen ihr Glück beim Beten. Die schicken nach oben, da, wo Gott wohnt, Fragen und so was. Dann warten sie ein Weilchen und irgendwann kommt die Antwort ..." (Vorwort zu meinem Kinderbuch „Modjo und Mütze", Baumhaus Verlag, 2012)

Die Sache mit dem Geschichtenerzählen war eine gute Idee von Dir. Silvester und ich sind manchmal zu Gast im Zentrum für trauernde Kinder und Jugendliche in Bremen, dessen Botschafter ich seit 2004 sein darf. Dort wird jungen Menschen ein geschützter Raum für Trauer und Bewältigung ihres Verlustes angeboten, fern von der Unruhe und den Widerständen in ihren Gastfamilien oder ihrem zerrissenen Zuhause. Wir kommen gern, wenn man uns einlädt, Silvester am Klavier und ich am Mikrofon. Ich verleihe jeder einzelnen Figur eine eigene Stimme. Irgendwann wird eine unserer Geschichten in einem großen Kinderbuchverlag herausgegeben – das finden wir ganz gut – und wir gehen sogar auf eine kleine Lesereise. Wir haben noch viele Fortsetzungen in der Schublade. Ich komme nur nicht dazu, mich darum zu kümmern, einen neuen Verlag zu suchen. Das liegt auch ein bisschen daran, dass wir, übrigens federführend zusammen mit meinem Freund Joern Hinkel, heute Intendant in Bad Hersfeld, den Handlungsfaden über das Leben von Roccos Schwester Sarah als Theaterstück umschreiben und in Worms mit 50 Jugendlichen zur Aufführung bringen. Später wird aus dem Theaterstück der Entwurf für eine zehnteilige Fernsehserie, die auf ihre Vollendung und Veröffentlichung wartet. Das ist praktisch, so Sachen zu haben, die noch vor sich hin wachsen, Projekte, an denen Freunde mitarbeiten. Irgendwann kommt vielleicht der Durchbruch und jemand sagt, das machen wir jetzt richtig professionell. Das male ich mir so aus und bin schon wieder mittendrin in der Euphorie, die mein Leben aufmischt. Denn einfach etwas als Geschenk anzunehmen, ohne gleich alles wieder verbessern zu müssen, das ist nicht mein Ding.

Bei meiner Suche nach Ereignissen in meiner Biografie, die mir helfen, meine Übertreibungen und meine Euphorie zu verstehen, erinnere ich mich an die Geschichte vom „Waldläufer".

Es ist mein achter Geburtstag. Vater erzählt mir aus dem Leben eines unserer Vorfahren, der von einem polnischen Fürsten zum Ritter geschlagen wird, weil er diesen vor dem Ertrinken rettet. Mit der Ehre des Rittertums und Wappens geht viel Ruhm und Geld einher. Doch unser Vorfahre nutzt diese Geschenke nicht, um sein Leben zu festigen, sondern treibt durch Suff und Spielsucht seine Familie und sich in den Ruin. Ich höre an diesem Abend die Geschichte zum ersten Mal, feiere gerade mit der Familie und bekomme mal wieder meinen Willen nicht, werde wegen einer Lappalie wütend und suche Trost bei meinem Vater. Er nimmt mich auf seinen Schoß. Als er von den Ereignissen, die zum Ritterschlag führen, erzählt, beruhige ich mich und nehme jedes seiner Worte in mich auf. Diese Geschichte spielt in Gleiwitz bei Kattowitz, Kohlebergbau-Hochburg und Geburtsstadt meines Großvaters Silvester Majowski, in Polen, im 17. Jahrhundert – also weit in der Vergangenheit.

„Lange, bevor Bauern ihr Werkzeug als Waffe gebrauchten, in einer heiteren Zeit vor dieser Zeit, wandert ein polnischer Mensch durch die Wälder seiner Heimat bei Gleiwitz. Sein Wesen ist Licht, seine Sehnsucht Liebe. Und trotz seiner Art, bisweilen träumend die Zeit zu vergessen, bringt unser Mensch fleißig arbeitende Familie und Hof unbeschadet durch jeden Winter.

Waldläufer hat einen liebevollen Schutzengel, der immer an seiner Seite wacht. Jedes Feld, das Waldläufer bestellt, ist ein Segen. Jeder Bach, den Waldläufer durchschreitet, ist sein Freund. Unser Mensch ist beschenkt, solange unser Mensch sich anstrengen muss, und jeder Stein unter seinen Füßen lässt ihn wachsen. Sein Engel ist wachsam und unser Schützling lernt die

Gefahren kennen, die sein Leben bedrängen. Doch wohin mit all seiner Kraft? Der Engel beschützt das Herz und die Stimme des Menschen, denn sein Herz ist wund und seine Worte können voller Gewalt sein.

Das Leben verläuft in geregelten Bahnen für unseren Menschen und eines Tages zieht der Engel weiter. Wird er gerufen? Oder ist sein Teil erfüllt? Zum Abschied schenkt er unserem Menschen eine Gabe, das absolute Gehör genannt, und mit ihr erschafft Waldläufer Musik, Instrumente. Nun musiziert er jeden Tag zur Freude seiner Lieben. Singen, singen, singen am Fluss und am See, das ist seins. Füße ins Wasser und singen.

Oft sitzt er am alten Weiher und besingt die Natur und seinen lieben Herrgott, bis eines Abends ein Fremder erscheint, von Statur und Haltung gleich der eines mächtigen Herrschers. Unvorsichtigerweise lässt der Fremde sein Pferd vom Steg aus zur Tränke, stürzt unglücklich und versinkt im kalten Wasser. Unser tapferer Waldläufer springt herbei und rettet den Fremden aus der Not.

Viel Ruhm kommt mit unermesslicher Wucht über unseren Menschen. Der Fremde ist ein mächtiger Fürst. Er schlägt Waldläufer zum Ritter. Lorbeeren zieren sein Wappen, Reichtum ist nun da. Waldläufer genießt und gerät ins Schwärmen. Ein Fest nach dem anderen zeichnen sein neues Leben aus. Lust und Spiel bestimmen seinen Tag. Als alles Geld verbraucht ist, sind Haus und Hof und Familie verloren – und auch der Verstand. Nun werden ihm seine mächtigen Worte im Streit zum Verhängnis und bringen Schaden und Verletzung über ihn und andere. Sein Herz bleibt endlich stehen. Der alte Schutzengel vernimmt das Klagen und die Trauer und beginnt zu wandern, über viele, viele Jahre, bis er eine Zeit erreicht, in der er verweilt. Die Zukunft. Vieles wiederholt sich vor den Augen des Engels: Er sieht das Reine, das Mächtige und das Überhebliche und den Mangel an Maßhalten. Er lässt das Scheitern zu und das Wiederaufstehen und stärkt die Herausforderungen, die Bewegungen und die Arbeit von Waldläufers Ahnen. Leben, ohne anderen zu schaden, gelingt und besteht, solange die Balance bewahrt bleibt."

Vater schaut mich eindringlich an und schickt mich zurück zu den anderen Kindern. Der Geburtstag wird lustig, auch wenn ich weiterhin meine Probleme mit dem Dickkopf habe.

Der Waldläufer fällt mir als Jugendlicher und Erwachsener immer ein, wenn ich über mein Verhalten nachdenken muss. Um mich an die Geschichte zu erinnern, frage ich ein paarmal bei meinem Vater nach.

Mit Mitte 20 schreibe ich zum ersten Mal Teile davon auf. Vielleicht habe ich einiges am Schluss hinzugefügt, macht irgendwie Sinn für mich. Ich ändere mich ja auch ständig.

Als mein Vater 1991 stirbt, bin ich kokainabhängig, am Ende meiner Zwanziger. „Herz und Geist heilen" ist nicht mein Thema. Du bist mir zwar näher, als ich damals wahrhaben will, aber der Teil von mir, den ich nicht anschauen will, lässt mich nicht zu Dir durch. Ich brauche nach dem Tod meines Vaters 17 Jahre, um einen gesunden Weg einzuschlagen, und weitere 12 Jahre, um zu erkennen, dass ich so gemeint bin, wie ich bin.

SABOTAGE

Viele Menschen fragen mich in letzter Zeit: „Markus, wie schaffen Sie das? Alles scheint bei Ihnen gut zu laufen. Sie machen vieles gleichzeitig und sind so lebendig. Woher kommt diese Kraft?" Ich glaube an Jesus Christus. Ich vertraue darauf, dass Er für mich sorgt und mir hilft, mich von Stillstand und Rückschlägen nicht vollständig umhauen zu lassen. Ein Freund begleitete mich neulich bei der Arbeit, hörte mir zu, schaute mich an und meinte am Abend: „Indem du die Fülle zeigst, die Gott dir auf natürliche Weise gibt, bringst du die Menschen dazu, dass sie diese Erfahrungen mit Gott auch machen wollen."

Wenn an manchen Tagen trotzdem alles schiefläuft, wenn die Last der Arbeit und die Sorgen des Alltäglichen mich zu ersticken drohen, dann ist meistens meine Geschwindigkeit zu hoch. Ich gehe aus dem Kontakt mit Dir, oft rein impulsiv, und es kommt mir dann so vor, als ob ich an einem Abgrund stehe, mit dem Blick in die Weite. Sehnsüchtig suche ich den Horizont nach einem Lichtblick ab, hinter mir tobt die Brandung und die Felsen ragen steil auf über der Tiefe. Ich führe in diesen Momenten einen Dialog mit meinem inneren Saboteur, denn der will Gott nicht sehen. Er will nur erfolgreich und unbeschadet durch den Tag kommen und nimmt in Kauf, dass ich am Ende des Tages keine Kraft mehr habe und auch keinen Plan für Entspannung oder Freizeit – ich breche einfach nur noch zusammen. Der Sog in meinem Rücken, wenn ich an diesem Abgrund stehe, ist kaum auszuhalten, sodass mir nichts anderes übrig bleibt, als auf die Knie zu sinken. Das sind die stärksten Momente in meinem heutigen Leben, auch wenn sie scheinbar unerträglich sind. Ich spüre Dich schon nach wenigen Augenblicken, wenn meine Tränen fließen und wenn ich beginne, Dich anzuklagen. Plötzlich merke ich, wo ich hingehöre und dass ich nicht allein bin mit meinem Schmerz. Dann lässt Du Wunder geschehen: Dort geht etwas auf, hier verstehe ich endlich und an anderer Stelle stellt sich ein kleiner Erfolg ein. Ich muss nicht abheben, nicht in Freudentaumel ausbrechen.

Dialoge mit meinem inneren Saboteur – darum kreisen viele meiner Geschichten. Diese Dialoge führe ich nicht allein, Du bist immer an meiner Seite. Auch wenn es scheinbar nur noch um das Geld geht, komplizierte Sichtweisen oder einfach die blanke Dummheit. Du bist da. Manchmal werden aus den Dialogen sogar Gesprächsrunden, bei denen sich leider zuweilen das Böse selber einlädt. Mir bleibt dann nichts anderes übrig, als Liebe in die Runde zu schicken. Deine Taube landet auf meiner Hand und Du übernimmst die Führung.

Die miesen Tage kommen und gehen auch in meinem Leben. Hinter meinen materiellen Erfolgen und Rückschlägen, hinter meinem Schlausein und meiner Dummheit versteckt sich Schwäche. Es fällt mir schwer, meine Schwäche einzugestehen und um Hilfe zu bitten, denn oft bellt mein Saboteur laut: „Lass mich in Ruhe. Ich schaffe das allein. Ich habe keinen Bock darauf, dass mir schon wieder jemand helfen will!" Wenn ich spüre, dass ich mehr Defizite habe als bislang angenommen, beginnt der Saboteur, zu argumentieren: „Das ist alles eine Frage der Perspektive! Wer weiß schon, wie schlau ich wirklich bin! Und überhaupt, weil ich mich manchmal dusselig anstelle, geschehen vielleicht *gerade* die unvorhergesehenen, spielentscheidenden Dinge – und schon bin ich erfolgreich bei etwas ganz Wunderbarem. Dann heißt es womöglich, der ist ja irrsinnig intelligent, der Markus!" Ich freue mich, Dir zuzuschauen, wenn Du meinem inneren Saboteur gut zuredest und ihn daran erinnerst, dass er viele tolle Eigenschaften hat und zu dem Gesamtbild von Markus dazugehört. Und manchmal erkennt er schließlich, dass sich vieles bei mir die Waage hält, dass ich ganz okay bin.

DEMUT

Ansehen und Reichtum sind für viele Menschen das höchste Ziel. Dazugehören zu wollen und besser zu scheinen, als ich eigentlich bin, das passiert auch mir. Dann trenne ich mich von Dir, fange an, zu manipulieren. Das mag ich nicht, ich will das weghaben! Mein innerer Saboteur stichelt aber: „Wer sagt denn, dass so etwas wegmuss? So etwas kann doch ganz nützlich sein!" Manipulation, das kann ich mir nicht leisten, denn das Ergebnis macht abhängig. Als Nächstes folgt Hochmut, dann Groll. Und Groll führt dazu, dass ich mich irgendwann schuldig fühle. Und zum Schluss kommt dann irgendeine Suchtverlagerung. Einkaufen, Essen, Arbeit, Sex. Und schon bin ich noch mehr von Dir getrennt. Mein Verstand verträgt sich aber auch mit dem Gegenteil von Hochmut, nämlich mit Demut. Ich will mit Dir verbunden bleiben. Für mich bist Du Schöpfungskraft – und Demut bedeutet für mich „Hingabe an Deine Allmacht". Ich weiß, dass Du allmächtig bist, und ziehe meine Kraft aus der Hingabe an diese Erkenntnis.

Die obligatorische SMS meines frechen Kollegen aus Düsseldorf ist da. „Du, ich wusste gar nicht, dass Johann Sebastian Bach dein Lieblingskomponist ist. Also, seine Matthäus-Passion begeistert dich? Das habe ich gerade irgendwo gelesen. Bach, der fünfte Evangelist!" Ich schreibe zurück: „Mein Lieber, wer wie Bach seine Kompositionen mit der Notiz ‚soli deo gloria' versieht, möchte bestimmt, dass sein Glaubensbekenntnis als Zeichen auf die Erlösung aus Schuld und Krankheit, Sünde und Tod akzeptiert und als das Angebot der befreienden Gnade Gottes empfangen wird. Der fünfte Evangelist ist Bach in meinen Augen deswegen nicht."

Gern gehe ich zusammen mit meinen Leserinnen und Lesern durch den erfolgreichsten Teil meines Lebens, wobei ich Demut an die erste Stelle setze, ohne roten Teppich, ohne Prickelwasser und täglichen Applaus. Nicht so gern schaue ich auf die Zeit davor, als ich immer wieder hinfalle und einstecken muss. Das Hingucken hilft mir aber. Und wenn ich nichts verheimliche, merke ich, dass es mir von Minute zu Minute leichter wird.

Wenn in mir die Leere entsteht, bin ich nicht in Kontakt mit Dir! Und ich fülle die Leere oft mit materiellem Krimskrams. Ich denke, weil ich so viel arbeite und weil der Erfolg so spürbar ist, darf ich mir doch außerordentliche Sachen gönnen. Teure Theaterwohnungen, die ich gegen „billige" austausche, Hotelwochenenden mit Sauna und Wellness, schnelle Autos ... Scheitern ist vorprogrammiert, denn die Geldreserven halten nicht ewig vor. Ich muss immer mehr arbeiten, um den Standard zu halten. Wenn ich wieder einmal einen Anfall von Luxusverhalten ohne ausreichend Geld auf dem Konto habe, ist das so, als würde ich eine Vase polieren, während das Haus einstürzt.

ZWÖLF

Um mein absurdes Verhalten zu beenden, probiere ich etwas aus, was andere vor mir erfolgreich probiert haben. Ich wähle den Weg der „12 Schritte", auf dem Du mir Menschen schickst, die alle dasselbe Problem haben, damit ich nicht allein bin, während ich Verantwortung für meine Genesung trage. Die einzige Voraussetzung, um beim 12-Schritte-Programm mitzumachen, ist der Wunsch, mit meinem selbstzerstörerischen Verhalten aufzuhören.

Dies sind die 12 Schritte:

1. Wir gaben zu, dass wir unserer Sucht gegenüber machtlos waren und unser Leben nicht mehr meistern konnten.

2. Wir kamen zu dem Glauben, dass eine Macht, größer als wir selbst, unsere geistige Gesundheit wiederherstellen kann.

3. Wir trafen eine Entscheidung, unseren Willen und unser Leben der Fürsorge Gottes, so wie wir Ihn verstanden, anzuvertrauen.

4. Wir machten eine erforschende und furchtlose moralische Inventur von uns selbst.

5. Wir gestanden Gott, uns selbst und einem anderen Menschen gegenüber die genaue Art unserer Fehler ein.

6. Wir waren vorbehaltlos bereit, alle diese Charakterfehler von Gott beseitigen zu lassen.

7. Demütig baten wir Ihn, uns von diesen Mängeln zu befreien.

8. Wir machten eine Liste aller Personen, denen wir Schaden zugefügt hatten, und wurden bereit, ihn bei allen wiedergutzumachen.

9. Wir machten bei diesen Menschen alles wieder gut, wo immer es möglich war, es sei denn, wir hätten dadurch sie oder andere verletzt.

10. Wir setzten die persönliche Inventur fort. Wenn wir Fehler machten, gaben wir sie sofort zu.

11. Wir ersuchten, durch Gebet und Meditation die bewusste Verbindung zu Gott, wie wir Ihn verstanden, zu vertiefen. Wir baten Ihn nur, uns seinen Willen erkennbar werden zu lassen und uns die Kraft zu geben, ihn auszuführen.

12. Nachdem wir als Ergebnis dieser Schritte ein spirituelles Erwachen erlebt hatten, versuchten wir, diese Botschaft an andere Süchtige weiterzugeben und unser tägliches Leben nach diesen Prinzipien auszurichten. (aus: 12 Schritte, 12 Traditionen)

Mir ist etwas Merkwürdiges passiert im Zusammenhang mit meinen 12-Schritte-Gruppen. Ich gehe zu einer meiner Berliner Gruppen in unserem neuen Kiez. Eigentlich möchte ich da nur sitzen und Erfahrung, Kraft und Hoffnung teilen, aber seltsamerweise berühren mich die Freunde dort nicht so wie gewohnt, sodass ich die Gruppe bei einem meiner Besuche genervt verlasse. Eigentlich ist das bescheuert und vollkommen sinnlos, denn darum geht es: Situationen aushalten. Stattdessen ändere ich meine Perspektive, versuche, meinem Besuch dort irgendetwas Positives abzugewinnen, und schaue mir an, wo ich da gerade bin. Gibt es eventuell einen Grund, warum Du mich ausgerechnet an diesen Ort geschickt hast? Ich klopfe an eine halb offene Tür und lerne die Leiterin der Einrichtung kennen. Grit ist temperamentvoll und aufgeschlossen. Wir kommen ins Gespräch, tauschen uns aus. Nach einer Weile fragt sie mich, ob ich für sie arbeiten möchte. Tatsächlich wird sie meine neue Chefin für die Arbeit mit Jugendlichen in der Flüchtlingshilfe dort im multikulturellen Nachbarschaftszentrum Divan. Wir entwickeln gemeinsam mit der befreundeten Sprachpädagogin Eirini ein Theaterkonzept. Deine Wege sind wunderbar und unergründlich zugleich!

Das Ziel unseres Projekts ist die spielerische Sprachförderung von Flüchtlingskindern in den Willkommensklassen der Grundschulen im Kiez. Mit theaterpädagogischen Methoden fördern wir die kindliche Ausdrucksfähigkeit.

Als Grundlage für die Theaterarbeit dient das Bilderbuch „Bei der Feuerwehr wird der Kaffee kalt" von Hannes Hüttner und Gerhard Lahr. Die Kinder schlüpfen in die Rollen der Figuren – und durch diese Perspektivwechsel können sie neue Handlungsmöglichkeiten ausprobieren.

Grit, Eirini und ich arbeiten die nächsten Jahre zusammen. Später kommen Julia und Sophie dazu. Ich darf meine eigene Schauspielschule dort gründen, nicht ohne Dich. Bei allem, was ich tue, frage ich Dich um Rat, damit ich die Geschenke, die ich erhalte, verstehe und vertrauensvoll annehmen kann, ohne Angst davor, dass sie einen anderen Ursprung haben!

FRAGEN

Geschenke, davon gibt es Hunderte, Tausende – und Du zeigst mir, wie das geht, selber einen Perspektivwechsel zu wagen. Ich nutze oft die Gelegenheit und meistens bringt mich das beruflich weiter. Dazu muss ich manchmal ein wenig dreist sein – auch dazu hast Du mich ermutigt.

Kommen alle Geschenke von Dir, wenn sie von Liebe erfüllt sind? Das ist Dein Erkennungszeichen. So verstehe ich Deine Botschaft. Ich hoffe, damit liege ich richtig.

Du sorgst dafür, dass ich unser neues Zuhause, den neuen Kiez und die neuen Herausforderungen total abgefahren finde. Spürst Du, dass dadurch meine Bereitschaft, woanders als in Berlin zu arbeiten, abnimmt? Du bist immer da und kannst das nicht übersehen. Ich habe Dir versprochen, den ganzen süchtigen Mist von früher wegzulassen. Das klappt, was ich auch daran merke, dass ich mir alles genauer anschaue und Deine Gegenwart überall entdecke. In neuer Musik, neuen Spazierwegen, neuen Filme und neuen Begegnungen, alles bekommt für mich einen neuen Sinn. Hast Du das beabsichtigt?

Manchmal ist sogar der Aufenthalt an einem Gastspielort erträglicher als früher, weil ich die Dinge bewusster wahrnehme. Liegt das daran, weil Du in mir präsent bist, in mir drinnen? In mir sind lauter Gegensätze und auch schlechte Gedanken. Alles gehört zusammen. Kommt daher auch die Kraft dafür, dass ich Menschen, die aggressiv und zerstörerisch sind, lerne zu lieben? Bitte teile Deine Absichten mit mir, ich habe viele Fragen.

Musik und Spaziergänge teile ich mit Utzy, meinem kleinen Stinker, Tobi bleibt oft bei meinem Jungen in Berlin. Die beiden passen super aufeinander auf. Utzy ist ein wahrer Segen, aber ich kann ihn nicht überall mitnehmen, denn ich mag auch gern stille Orte, Kirchen zum Beispiel, um mir einen Rückzug zu ermöglichen. Utzy hat ähnliche Macken wie ich. Manchmal tue ich mich schwer mit seinen häufigen Wehwehchen, kann aber daran wachsen, ihn so anzunehmen, wie er ist. Ich verstehe, glaube ich, Deinen Plan.

Ich begegne neuen Menschen, die beispielsweise in den Gemeindehäusern am Empfang sitzen und sich freuen, mich zu sehen. „So fröhlich und freundlich wie im Fernsehen, Markus!" Weißt Du, dass ich mich bei denen am liebsten manchmal ausheulen möchte? Ich habe eine bescheuerte Angst, weil ich mir einfach nicht vorstellen kann, dass ich das ewig weitermachen kann, diese Schauspieler-Tretmühle mit der ewigen Unsicherheit, wann der nächste Job kommt. Beabsichtigst Du mit meinen vielen Aktivitäten, dass ich irgendwann unabhängig werde? Ich entdecke neue Talente an mir, lebe sie alle aus, verdiene Geld damit, gerade so viel, wie wir brauchen, und muss dafür andere Sachen nicht mehr machen. Ist das Deine Absicht?

Willst Du, dass ich das Schauspielern ganz lasse? Daher kommen also Deine Geschenke, Sprachförderung mit Flüchtlingskindern im Divan zu stemmen und meine Majolo-Stage-Schauspielschule aufzubauen! Alles zusammen macht Sinn, immer eines nach dem anderen – ich verstehe.

Du schenkst uns Krisen, um reichen Segen zu ermöglichen.

Der Umzug aus der Überfallwohnung ins neue Heim war das i-Tüpfelchen der zurückliegenden Belastungen. Die Hälfte der Möbel ist kaputtgegangen, die Bindungen zu den alten Nachbarn zerbrochen. Ich bringe all meine Fantasie auf und lasse sie wirken, um den neuen Kiez zu erforschen, Beziehungen zu knüpfen und in Bewegung zu bleiben. Die beiden Einbrüche sitzen mir nicht mehr wie ein Giftpfeil im Nacken – traurig macht mich der Verlust trotzdem. Das ist offensichtlich der Sinn der Übung. Gottvertrauen, Familie, Freunde, Selbsthilfe, Partnerschaft und Hunde sind wohl ein gutes Rezept für mich gegen die Traurigkeit!

Ich bete jeden Tag, so oft es geht. Eine Frage habe ich noch: Deine Regeln sind nicht dafür da, dass ich es einfacher habe, sondern, dass ich mich um andere Menschen kümmere. *Einfache* Lösungen existieren nicht für mich. Habe ich das richtig verstanden? Heißt das, ich kann am besten zurechtkommen, wenn ich im Service für andere bin? Wahrscheinlich werde ich deswegen gerade bereit, diejenigen Menschen zu lieben, die mir schaden, mich verfolgen und bekämpfen.

Ja, ich glaube an Dich, Gott. Und ich glaube an die Erlösung durch Deine Menschwerdung in Jesus Christus. Du und Dein Opfer retten mich vor meiner Schuld.

Was heißt das? Jesus nimmt alle Schuld am Kreuz auf sich – und da ich in einer Beziehung mit ihm lebe, gilt das auch für mich! Ich lasse ihn an allen möglichen Stellen in mein Leben hinein. Er möchte, dass ich nichts und niemanden in meinem Freudentaumel über Erfolg und Weiterkommen beschädige.

Schwäche zu erkennen und auch zuzugeben, ist der Beginn dauerhafter geistiger Gesundung. Ich bitte Dich täglich, mich zu erleuchten, mir Deinen Willen zu offenbaren und mir die Kraft zu schenken, ihn auszuführen. Meine geistige Gesundheit wirkt umso stärker, je deutlicher ich erkenne, wie viel Hilfe ich brauche.

Heute erkenne ich meine guten Eigenschaften und nutze sie jeden Tag, indem ich versuche, ein normales Leben zu führen. Vor ein paar Jahren wäre ich lieber gestorben, als ein normales Leben zu führen. Ich spüre die Kraft immer noch in mir, die alles durcheinanderbringen will. Damit bin ich nur eine Handbreit davon entfernt, meine Abstürze zu planen, durchzuführen und dann zu vertuschen. Das war der Kreislauf, in dem ich gelebt habe, und ich habe damit vielen Menschen in meinem Umfeld geschadet.

Ich hätte nie gedacht, dass ein Mensch mehrmals geboren werden kann, aber das bin ich – wegen der Vergebung von Menschen, denen ich Angst mit meinem Verhalten gemacht habe.

SÜNDE

Wie ich an anderer Stelle bereits erwähnt habe, waren die Gespräche mit Jürgen und den Selbsthilfegruppen bei der Abwehr der Suizidimpulse unterstützend, aber Du hattest noch einen anderen Plan.

Bereits 2017 fragt mich der evangelische Pfarrer Bernd Seifert für seine Kirche in der Nähe von Bad Hersfeld an, gemeinsam einen Gottesdienst zu gestalten. Wenig später bittet er mich, bei der Veranstaltung „500 Jahre Reformation, 500 Menschen" Pate zu stehen. Es entwickelt sich zwischen uns ein enger Kontakt. Ich lerne seine Frau kennen und seine beiden Töchter und bald ist die Idee da, etwas gemeinsam zu machen.

Zur selben Zeit lädt mich der evangelische Sender *ERF* zur Sendung „Gott sei Dank!" ein. Dort spreche ich über Sucht und meinen von Dir geführten Weg in die Abstinenz. In derselben Sendung hat der christliche Rapper Kevin Neumann seinen musikalischen Auftritt mit seinem Lied „Hörst Du mich?" Gerade noch philosophiere ich darüber, dass Gott sich der Gefallenen annimmt und sie wieder stark fürs Leben macht, als ich wahrnehme, wie sehr mich die Musik von Kevin und dessen Botschaft im Herzen trifft. So spreche ich den Musiker noch in der Sendung an, erzähle ihm von Pfarrer Bernd und der Idee, etwas gemeinsam auf die Bühne zu bringen, und schlage vor, die Botschaft des Glaubens zu dritt in die Welt zu tragen.

Die Idee für unsere Show, die wir „Die drei Sünder" nennen, ist schnell erzählt. Drei tiefgläubige Männer, Bernd, Kevin und Markus, laden eine Persönlichkeit aus Wissenschaft und Forschung zu einer investigativen Talkrunde ein. Der Gast ist Atheist und die drei Freunde wollen der Frage auf den Grund gehen: Ist es möglich für einen rational denkenden Menschen, *nicht* an Gott zu glauben? Ein Jahr brauchen wir, um unsere Show zu planen und zu proben. Diese Zeit ist geschenkte Lebenszeit und für mich auch Zeit der Glaubensfindung.

Im Sommer 2018 machen wir eine längere Probenpause und beschließen, erst zwei Wochen vor Beginn der Auftritte wieder zusammenzukommen. Genau in diese Lücke fällt die Autobahnphase mit meinen Suizidimpulsen. Ich werde von dem Ganzen komplett überrascht. Ohne Ankündigung, ohne Vorwarnung bin ich auf der Autobahn mit meinen Impulsen allein. Wie ein Rettungsanker lädt uns der *ERF* erneut in die Sendung ein, um unser Projekt kennenzulernen und zu bewerben. Du kümmerst Dich um mich, nimmst mir den Schmerz ab und hältst den Tod von mir fern. Ich rede mit Bernd darüber und mit meinem Mentor Jürgen. Aber das haftet an mir, bis Du eingreifst und mich durchschüttelst. Die Produktion, meine Regiearbeit und die Verantwortung als einer der drei Sünder nehmen mich derart in Anspruch, dass ich alles andere darüber vergesse.

Noch während der Sendung – mein Hund Utzy sitzt die ganze Zeit neben mir auf dem roten Sofa – kommen mir Zweifel an unserer Show. Ich weiß nicht, ob diese Art der Werbung für Gott richtig ist. Das kann ich auch nicht wissen. Ich kann nur hoffen, dass Du bei uns bist und uns die Kraft Deiner Anziehung schenkst. Es funktioniert. Wir leben und proben einige Tage in einer Männer-WG von morgens bis abends und haben dann unsere drei Auftritte: am 19.10.2018 in der Evangelischen Stadtkirche Heringen, am 20.10.2018 in der Schlosskirche Burg Greifenstein und am 21.10.2018 in der Evangelischen Dorfkirche Kapellen Moers. Utzy ist immer dabei und schläft selig zu meinen Füßen, während uns das Publikum lauscht. Das gibt mir die Kraft und Bestätigung, dass wir auf dem richtigen Weg sind.

Bei *Ost Hessen News* schreibt die Journalistin Gudrun Schmidl über unsere Arbeit:

Spannendes Talk-Theater wurde am Freitagabend den zahlreichen „Sündern" in der voll besetzten Evangelischen Stadtkirche in Heringen geboten. Schauspieler und Regisseur Markus Majowski, Pfarrer Bernd Seifert und Rapper Kevin Neumann überzeugten mit ihrem Bühnenprogramm „Die drei Sünder", mit dem sie auf zeitgemäße, unterhaltsame Weise den Glauben ins Gespräch bringen, voll und ganz.

Mit Stefan Gotthold, der Name ist rein zufällig, holen sich die drei Protagonisten einen Gast aus der Wissenschaft in ihre Talkrunde. Gotthold ist Astronomie-Blogger, Astrofotograf und Social-Media-Manager und im Planetarium in Berlin präsent.

Der Gast aus Berlin platzt mitten in einen komischen Wutausbruch von Markus Majowski in die Männer-WG hinein ... Markus braucht dringend Balance und Struktur und beim Wandern Körperpuder, Kevin fehlt die richtige Frau und ist in die Bühnentechnikerin der Tour verliebt. Bernds Frau hat vergessen, ihm den Trainingsanzug für die Yoga-Übungen auf offener Bühne einzupacken.

Nun lernen sich die Gäste in der Talk-Ecke kennen. „Was hält Wissenschaftler davon ab, Gott zu beweisen?" ist die erste Frage an Stefan Gotthold und damit wird die interessante, von gegenseitigem Respekt geprägte Gesprächsrunde über Gott, Jesus Christus, die riesige Verantwortung für die Schöpfung, den Sinn des Lebens eröffnet. Stefan Gotthold war an diesem Abend genau der Richtige, um die Grenzbereiche zwischen Glauben und wissenschaftlichen Fakten auszuloten. Er kann wie alle Wissenschaftler nicht beweisen, dass es keinen Gott gibt. Den Tod fürchtet der Berliner nicht, viel schlimmer findet er es, dass das Leben so begrenzt ist – und damit auch die Zeit zum Lernen. Er mahnt: „Wir gehen nicht intelligent und bewusst mit unserer Erde um."

„Wie bereite ich mich auf die Ewigkeit vor?" ist eine der Fragen, die Pfarrer Bernd Seifert beantwortet. Er ist sich sicher: „Das ist hier nicht alles, es kommt

noch etwas viel Schöneres." Die Gesprächsrunde, bei der die drei Gesprächspartner keinen Konsens finden, schließen sie mit ihren eigenen wissenschaftlichen beziehungsweise christlichen Glaubensbekenntnissen ab. Markus Majowski betont, dass er die Besucher dieses Theater-Talks berühren, erreichen und neue Perspektiven eröffnen möchte. Das hat sich bestätigt. Es bleibt allerdings die Erkenntnis, dass Wissenschaft und Religion die Welt auf fundamental unterschiedliche Art und Weise betrachten. Die beliebte Floskel „Wissenschaft erklärt das Wie und die Religion das Warum" greift auch nicht. Das Konzept der „drei Sünder" geht allerdings auf, regt zum Nachdenken an. Die Reaktion des Publikums mit stehenden Ovationen spricht für sich und viele Besucher nahmen die Einladung an, nach der Aufführung mit den Protagonisten ins Gespräch zu kommen.

Was macht das mit uns? Was passiert mit uns, während wir unseren Gast befragen und vorsichtig versuchen, ihm seine Zweifel zu nehmen? Wir scheitern einerseits, weil uns viele kleinere Fehler im Ablauf der Show passieren, das Gerüst der Aufführung wackelt erheblich, aber wir können auch viel über uns lachen – und mit uns lacht das Publikum. Ich glaube, wir bringen auch Dich zum Lachen. In unserer Unvollkommenheit sind wir Deine spielenden Kinder, die in kürzester Zeit sehr viel lernen über Deine Führung und Deine Geduld. Diese Art der Werbung für Gott funktioniert für Menschen, die viele Fragen haben. Und was ist die Wirkung bei unserem Gast? Sein Unglaube wird löchrig und eine Art persönliches Glaubensbekenntnis entsteht! Er könne nicht ausschließen, dass Gott existiert. Vieles spreche für wissenschaftlich zu erklärende Abläufe, aber selbst die Wissenschaft habe ihre Grenzen. So zum Beispiel hinter dem Ereignishorizont eines schwarzen Loches: Ein schwarzes Loch ist kompliziert. Sein Ereignishorizont ist ein spezieller Ort und das Unerklärliche, das Göttliche bleibt bestehen, da hinter dem Ereignishorizont alle Mathematik außer Kraft gesetzt ist. Die „dunkle Materie" eines schwarzen Loches ist eine hypothetische Substanz, die sich nur durch ihre Gravitationskraft bemerkbar macht. Bei Frage nach dem Wirken Gottes hinter dem Ereignishorizont eines schwarzen Loches müssen wir uns eingestehen, nichts zu wissen.

Albert Einstein sagt:

Ich bin zwar im täglichen Leben ein typischer Einspänner, aber das Bewusstsein, der unsichtbaren Gemeinschaft derjenigen anzugehören, die nach Wahrheit, Schönheit und Gerechtigkeit streben, hat das Gefühl der Vereinsamung nicht aufkommen lassen.
Das Schönste und Tiefste, was der Mensch erleben kann, ist das Gefühl des Geheimnisvollen. Es liegt der Religion sowie allem tieferen Streben in Kunst und Wissenschaft zugrunde. Wer dies nicht erlebt hat, erscheint mir, wenn nicht wie ein Toter, so doch wie ein Blinder. Zu empfinden, dass hinter dem Erlebbaren ein für unseren Geist Unerreichbares verborgen sei, dessen Schönheit und Erhabenheit uns nur mittelbar und in schwachem Widerschein erreicht, das ist Religiosität. In diesem Sinne bin ich religiös. Es ist mir genug, diese Geheimnisse staunend zu ahnen und zu versuchen, von der erhabenen Struktur des Seienden in Demut ein mattes Abbild geistig zu erfassen. (Mit freundlicher Genehmigung des Albert-Einstein-Archivs, Hebrew University of Jerusalem, Israel)

Ich lerne, in die Zukunft zu blicken, ohne den Schmerz der Vergangenheit zu spüren, und einen Weg zu finden, Wunden zu heilen, die vorher unheilbar schienen, und nach und nach die Vergangenheit loszulassen. Menschen zu helfen, die auch neu anfangen wollen, ihnen zu helfen, Brücken über unüberwindbare Abgründe zu bauen, ist ein guter Service, den ich leisten kann, damit die Sünde mich nicht von Dir trennt.

4 DIE SEUCHE

Ich schreibe seit der Kindheit meine Gedanken auf, forme sie zu Gedichten, Liedern und Erzählungen. Als ich begann, Stichpunkte meiner Träume zu notieren – ich habe das regelrecht üben müssen –, konnte ich über einige Stellen lachen und bemerkte rasch, dass hinter dem Witzigen etwas Trauriges steckt. Mir hilft das Tagebuchschreiben, um meine Gedanken zu ordnen. Etwas kontinuierlich zu tun ist nicht mein Ding, aber ich bemühe mich.

17. Oktober 2019. Heute ist der Tag, an dem vielleicht ein Unfall in einem asiatischen Forschungslabor geschehen ist. Nichts Genaues weiß man.

Ich sitze an meinem Schreibtisch und bereite ein Spiel vor für unsere Willkommensklassen im Nachbarschaftszentrum Divan. Wir wollen ein kleines Theaterstück zum Thema Feuerwehrübung proben. Kinder und Jugendliche aus Syrien, Venezuela, Afghanistan, Südsudan, Myanmar, Jemen, Irak und der Ukraine üben mit uns den Alltag von Rettungskräften. Das wird spannend. Ich konnte beim Waschmaschinengeschäft um die Ecke eine Leiter borgen. Die brauchen wir für die gespielte Rettung auf einem fast zugefrorenen See, dargestellt von meiner allerliebsten Kuscheldecke. Zu Hause habe ich nichts anderes gefunden. Also mache ich mir eine Notiz: „Decken kaufen, dringend!" Frisches Obst kaufe ich auch für die Kinder. Außerdem habe ich einen langen Wasserschlauch dabei. Ich freue mich, mit meiner Kollegin und den Kindern das Stück heute zu beginnen. Ich darf derzeit viel mit Menschen aus der ganzen Welt arbeiten. Da ist es kein Wunder, dass meine Träume weit reisen.

Heute Nacht träumte ich von der Fremde: Ein goldener Kaiserpalast erstrahlt im Morgenrot. Die Tore öffnen sich und eine Person in blendend weißem Overall kommt heraus. Um ihren Kopf kreisen winzige Fledermäuse. Jemand summt mit einer sehr angenehmen Singstimme mein Lieblingslied: Pink Floyds „Pigs on the Wing". Die Person hebt eine Hand und macht eine rasche Bewegung. Einige Fledermäuse fliegen zur Seite und bleiben in der Luft hängen. Sind die da mit roten Einwegspritzen in der Luft fest gekreuzigt? Ich kann es nicht richtig erkennen. Hinter meinem Kopf klickt etwas. Als ich mich umdrehe, blinkt eine Kamera. Ich fühle mich beobachtet. Ein weiteres Geräusch, als ob ein Schlüssel in einem Schloss umgedreht würde, ertönt. Wind bläst mir in die Nase. Ein Alarm wird ausgelöst. Noch eine Person erscheint, das Gesicht durch ein schwarzes Basecap verdeckt. Sie reicht der anderen Person die Hand. Es regnet und ein Schwein stakst vorbei, auf dem Rücken die amerikanische Flagge. Meine Nase wird nass und das Schwein bimmelt wie ein alter Wecker.

Ich wache auf, fege das bimmelnde Schwein von meinem Nachttisch – es hat seine Aufgabe pünktlich erledigt – und meine beiden Hunde liegen mit ihren feuchten Nasen in meinem Gesicht, himmeln mich an.

„Pigs on the Wing" ist der perfekte Soundtrack für die Pandemie, finde ich.

> *Wenn es dir egal ist, was mit mir ist,*
> *Und du mir auch egal bist,*
>
> *Würden wir uns im Zickzack durch Langeweile und Schmerz bewegen,*
> *Gelegentlich durch den Regen hindurch nach oben schauen,*

Würden uns fragen, wen wir da oben verantwortlich machen können,
Und nach fliegenden Schweinen Ausschau halten.

Du weißt, was mit dir geschieht, geht mich was an,
Und ich weiß, ich bin dir auch nicht egal.

Allein fühle ich mich also nicht,
Fühle nicht das Gewicht des Steins,

Jetzt, da ich einen sicheren Ort habe,
Um meinen Knochen zu begraben.

Und jeder Narr weiß, ein Hund braucht ein Zuhause,
Einen Schutz vor fliegenden Schweinen.

Bei der Arbeit mit unseren Flüchtlingskindern stelle ich fest: Die Jungs hören deutschen Rap und die Mädchen amerikanische Charts. Einige von ihnen sind erst seit einem dreiviertel Jahr in Deutschland – das ging schnell mit der Anpassung. Fast alle Kinder können aber auch Lieder aus ihrer Heimat singen. Ich erinnere mich an Lieder aus meiner Jugend. Wir haben immer das Büchlein „Die Mundorgel" als Vorlage genommen. „Bolle reiste jüngst zu Pfingsten" oder „Danke für diesen schönen Morgen" oder „Die Affen rasen durch den Wald." Ich konnte mir Liedertexte schwer merken. Meist blieben nur Fragmente hängen. Es sei denn, ich habe mich konzentriert hingesetzt und die Texte gelernt.

Es ist ein Wunder, dass ich Schauspieler geworden bin und so viel Text behalten kann. Bei Liedern, die ich mit jemandem Bestimmten verbinde, klappt das Textbehalten viel besser.

Höre ich beispielsweise Art-Rock, erinnere ich mich an meine Freundin Birgit, die mir einmal morgens erklärt hat, warum sie sich im Bett lange und ausgiebig räkelt und streckt: Dann fühle sie sich gleich viel länger und wacher. Während sie das zu mir sagt, hören wir „More than this" von Roxy Music. Birgit ist klein und zierlich, eine starke, aber auch zerbrechliche Frau mit einer riesigen Seele. Wir sind auf dem Gymnasium ein Paar. Sie ist ein Jahr älter, fasziniert mich wegen ihrer zornigen Art, trägt die abgefahrensten Klamotten von allen Mädchen, die ich kenne, enge schwarze Satinhosen und kurze Sakkos, schwarze flache Schuhe, und ihr kurzer blonder Schopf sieht aus wie der von Jean Seberg. Sie gilt als schwierig, ein schlanker Punk, und ich bemerke sie zuerst, wie sie fluchend durch das Gelände von unserem Waldschulgymnasium marschiert und schreit: „Diese Scheiß-Schokolade macht euch immer fetter und fetter!" Der Spruch ist aus einem Nina-Hagen-Song. Ihre Eltern haben sie eine Weile ins Heim stecken müssen, in so eines für schwer erziehbare Mädchen. Nach einer Weile durfte sie wieder zurück auf das Gymnasium im Berliner Eichkamp und entdeckt mich, wie ich in der Aula auf dem Klavier etwas von Johann Sebastian Bach spiele.

Danach lassen wir nicht mehr voneinander ab – fast drei Jahre lang. Ihr Vater ist Berliner Senator und behandelt mich wie einen pflichtvergessenen Referenten. „Kümmern Sie sich genug um meine Tochter?" Sie riecht unheimlich gut nach Channel No 19. Ihre Stimme ist abgefahren, dunkel und knarzig – und unsere körperlichen Begegnungen sind sehr intensiv. Sie bringt mir alles bei, unter anderem, was innovative Musik angeht: Jim Morrison, Brian Eno, Sid Vicious, Ian Dury. Immer will sie über fiese Sachen reden und fiesen Schmerz. Ich lerne von ihr, einen heftigen Diskurs miteinander zu führen, zornig zu werden wie Sid in seiner Version von „My Way", auch einmal etwas kaputtzumachen – aber nicht nachtragend oder wirklich gemein zu sein.

And now the end is near
And so I face the final curtain
You cunt, I'm not a queer
I'll state my case, of which I'm certain
I've lived a life that's full
I've travelled each and every highway
And more, much more than this
I did it my way
There were times, I'm sure you knew
When there was fuck, fuck, fuck all else to do
But through it all, when there was doubt
I shut it up or kicked it out
I passed them all, I kicked their balls
I did it my way

Woher kommt dieser Zorn? Die Biografien von Jean Seberg oder Jim Morrison geben Antworten auf diese Frage. Sie sind zornige Poeten, brennen an beiden Enden und wollen die Welt verändern, bis die Drogen sie verändern und umbringen.

Wir leben in einer privilegierten Zeit, könnte man meinen. Unsere Großeltern haben Kriege erlebt und wussten daher genau, was schrecklich ist. Meine Eltern mochten jedenfalls nicht, dass Birgit so zornig war. Sie waren genervt von ihr. Bei ihrer Silbernen Hochzeitsfeier, zu der die Hautevolee Berlins in die Spandauer Zitadelle geladen war, sprengte Birgit den Rahmen. Ich werde ihre Präsenz, einem Orkan gleich, der von Weitem klein wirkte und in Wirklichkeit so etwas von fies groß war und schrecklich liebenswert, niemals vergessen. Bei der Silbernen Hochzeit trugen meine Eltern mittelalterliche Kostüme und Birgit das genaue Gegenteil. Sie hat mich in den alten Gemäuern, gekleidet in einen Hauch von Nichts, in Grund und Boden geliebt. Meine Eltern hatten nichts von mir und meinem Gutsherren-Outfit. Ein Orkan hat mich hinweggetragen. Und wenn ich mich heute im Bett räkle und strecke, dann spüre ich, wie ich wachse, und höre das Brausen des Orkans.

01. Dezember 2020. In einem großen asiatischen Land herrscht immer noch Schweinegrippe und mein frecher Kollege aus Düsseldorf behauptet in seiner obligatorischen SMS, dass in einer kleinen asiatischen Stadt, deren Namen ich vergessen habe, erste Fälle einer unbekannten Lungenerkrankung auftreten.

Woher weiß dieser Narr so etwas? Apropos, die närrische Zeit geht bekanntermaßen vom 11. November bis Aschermittwoch. Seit Jahren schon bin ich zu dieser Zeit im Rheinland – also als Wiederholungstäter. Alle Menschen sind zu einer einzigen Party vereint, den Rhein hoch und wieder runter. Ich bin komplett traumatisiert von dem ganzen Glück in den Straßen. Die kaputtesten Vögel trifft man in den reichen Stadtvierteln. Meine Theaterwohnung liegt in der Nähe einer noblen Einkaufsmeile. Die Menschen schwimmen hier im Geld. Während sie in ihrem Ferrari die neueste Mucke von Bushido oder Shindy hören, jagen sie zu Veranstaltungen wie „Deine Sitzung", alternative Karnevalsrevuen mit jecken Präsidentinnen und Präsidenten, Meister, Orchester der Liebe, Winkemariechen und anderen Zombies, die jenseits der klassischen Formate eine schräge, jecke Alternative suchen. Klar, es gibt auch noch die ganz normalen Rheinländerinnen und Rheinländer, aber die habe ich sowieso lieb. Ich habe keine Ahnung, wie ich die Silvesternacht überstehen soll, drei Vorstellungen mit lauter Wahnsinnigen, inklusive mir. Die Winterzeit bedeutet für mich nicht nur Weihnachten und Familientreffen, sondern auch Theaterspielen, jedes Jahr woanders – Köln, Essen, Düsseldorf, Essen, Düsseldorf, Köln und wieder zurück. Komödie spielen, Kollegen treffen und eine gute Zeit haben.

31. Dezember 2019. Heute erfährt die Welt, dass tatsächlich ein neuartiger Virus Menschen tötet. Der Ausbruch einer neuen Lungenentzündung mit noch unbekannter Ursache wird in einer mittlerweile weltbekannten asiatischen Stadt bestätigt.

Am Abend gehe ich ins Theater zur Arbeit. Wir quatschen im Foyer noch ein wenig über die Schweinegrippe, die schon einige Zeit in diesem einen asiatischen Land wütet. Der freche Kollege scherzt: „Die husten jetzt die ganze Welt an, damit alle anderen auch einmal wissen, wie es ist, verseucht zu sein." Ich gehe in die Garderobe und beginne, mich zu schminken, etwas älter mache ich mich, die Augen betont und das Haar akkurat nach hinten, damit die Perücke besser auf dem Kopf hält. Mir geht die Lungenentzündung nicht aus dem Kopf, auch nicht die T-Online-Meldung über das Labor, in dem Coronaviren an Fledermäusen getestet und verändert wurden, sodass sie ansteckender für den Menschen sind.

Das Theater an der Kö in Düsseldorf ist normal besucht. Die Cafés auf den Straßen sind voll. Wie jeden Abend spielen wir unser schräges Weihnachtsstück, heute also an Silvester. Requisiten zurechtlegen, dem frechen Kollegen einen Streich spielen und mit meiner Chefin Simone freundschaftlich flirten. Sie hat fast immer gute Laune und spielt meine Frau in dem Stück, darf mich zweimal auf der Bühne anspringen, verliebt und euphorisch. Mein Rücken hat mit der Zeit viel Muskulatur aufgebaut – wir spielen das Stück im dritten Jahr. Ein schräger Weihnachtstheaterabend wird das heute wieder werden. Meine Figur ist als

Erstes draußen und schmückt den Balkon festlich, damit alle glücklich sind. Ich konzentriere mich auf die Dynamik, die meine Figur braucht, suche den Kontakt zu meinen Kollegen, manchmal still, manchmal mit einer überraschenden Geste, nie jeden Abend gleich spielen, alles immer neu entstehen lassen.

01. Januar 2020. Das Jahr 2020 beginnt, immer noch Düsseldorf. Theaterfrei nach den drei Silvestervorstellungen hintereinander. Ich bin fasziniert von der Energie, die freigesetzt wird, wenn 1.200 Düsseldorfer beschwipst das Jahr verabschieden, während sechs Schauspieler ein weihnachtliches Familiendrama höchst amüsant zum Besten geben. Ich merke es gerade an den Tagen „danach", was der Beruf Schauspieler mit mir macht, erschöpft und doch auch glasklar – irgendwie wie heldenhaft nach einer Schlacht komme ich mir vor. Auf zwei hochherrschaftlichen Balkonen im Pariser Bezirk Saint-Germain fliegen jeden Abend die Fetzen, sehr zum Vergnügen des Publikums. Nur heute nicht, heute ist frei, 24 Stunden theaterfrei. Große Erleichterung!

Das Stück „Weihnachten auf dem Balkon" ist für Künstler wie Publikum eine Herausforderung in Bezug auf Konzentration und Ausdauer. Alle sechs Schauspieler spielen Doppelrollen und treten permanent links und rechts auf dem jeweils anderen Balkon auf und ab, immer in wechselnder Rolle, mit anderem Kostüm, anderer Frisur, anderer Haltung. Kein Wunder, dass ich mich glasklar fühle, irgendwie durchsichtig. Der wahre Markus wird erst sichtbar, wenn die Hand von Champ über meinen Kopf fährt. Ist sie nicht da, kraule ich meine Hunde und brauche etwas länger beim Wieder-in-der-Realität-landen.

Morgen geht das Spielen weiter. Heute wird mit der Familie gebummelt, um gemeinsam ein aufkommendes Virus zu bestaunen. Die Nachrichten lassen noch nichts Bedrohliches erahnen. Ein Virus wandert durch die Welt, aber kommt bestimmt nicht zu uns. Die vielen Toten sind weit weg. Und mit der Vorstellung, dass Fledermäuse die Seuche ausgelöst haben könnten, muss ich mich erst einmal anfreunden.

09. Januar 2020. Ein Labor in Asien, das Viren züchtet, und ein Tiermarkt, ebenfalls in Asien, werden in direktem Zusammenhang erwähnt. Diese Informationen kommen immer wieder in den Nachrichten.

Heute bin ich herrlich relaxed. Meine Chefin Simone hat mich auf der Bühne perfekt angesprungen. Der Rücken ist wieder eingerenkt und der Meniskus schweigt. Die Theatersaison in Düsseldorf neigt sich dem Ende zu, die Hunde sind überwiegend gesund und Herrchen weiß wirklich jeden Blick zu deuten. Markus, mach mal Häufchen weg. Markus, gib mal Leckerli. Markus, mach mal Ballawerfen. Das Bücken ist eine feine Übung für den Rücken, nur manchmal frühmorgens wird mir schwindelig. Ich komme mit der Hautevolee an der Rheinuferpromenade ins Gespräch und knüpfe viele Kontakte, auch wenn man oft nur über die eigenen Zipperlein ins Gespräch kommt. „Mein morgendlicher Schwindel kommt bestimmt von zu viel Kaffee." „Meine Ohren sind abends dicht!" „Ich spüre die Sonne nicht mehr, das ist das dunkle Zeitalter." Da es momentan hauptsächlich regnet im Rheinland, bin ich dankbar für die Höhensonne im Fitnessklub. Deswegen gehe ich da auch hauptsächlich hin.

10. Januar 2020. Mein frecher Theaterkollege hat heute Abend zum ersten Mal keinen Pavarotti in seiner Garderobe singen lassen. Die Vorstellung läuft daraufhin besonders gut und konzentriert. Jetzt schickt er mir seine obligatorische SMS: „Markus, morgen mache ich wieder schön Musik. Die Batterien waren leer, entschuldige bitte. Ich habe guten Tee gekauft, komm doch vor der Vorstellung einmal vorbei. Ich finde, wir können noch mehr Schwung in unsere Szenen bringen, ja?" „Gut", schreibe ich, „mach ich gern. Aber denkst du bitte daran, heute aufs Stichwort rauszukommen? Bitte nicht früher und auch nicht später. Dann klappt das schon mit unserem Schwung!" Die nächste SMS kommt postwendend. „Klar, mein Markus, das machen wir so. Du, diese Lungenkrankheit geht auf ein neuartiges Coronavirus zurück!" „Hat dir das jemand gesagt?" „Ja, Markus." Ich tippe alarmiert: „Warum möchtest du mit mir darüber reden?" „Na, wegen meines Schwimmunterrichts. Weißt du, wie ansteckend Kinder im Schwimmbad sein können?" In Düsseldorf? „Ja, in Düsseldorf. Du hörst mir überhaupt nicht zu, Markus!" Ich beeile mich, zu beschwichtigen. „Wie dumm von mir. Bis später, mein Freund!"

Bevor ich heute Abend in die Vorstellung gehe, repariere ich in der Theaterwohnung den Abfluss, das Bett, die Couch und die Terrassentür. In Berlin mache ich nie so etwas. Ich habe das Gefühl, ich freunde mich in der Fremde mit dem Handwerken an. Ich könnte das beruflich machen in meiner Freizeit. Mit eigenem Werkzeugkoffer und so. Kann aber auch sein, dass die Theaterwohnungen dermaßen abgewohnt sind, dass ich lieber repariere, als mich zu verletzen.

Mein Empfinden oder besser das Annehmen der Umstände, so wie sie nun einmal sind, ist für mich so, wie wenn mir Champ meine Füße massiert. Erst spüre ich ein Kitzeln, dann tut es weh, hinterher knackt irgendwo in den Knochen etwas – und ich fühle mich erleichtert, komme womöglich viel besser zurecht, mindestens einen halben Tag lang!

Zu meinen plötzlich auftauchenden Gedanken, wie das Leben weitergeht, wenn Corona alles verändert, kann ich nur sagen: Ich bin gut beraten, wenn ich mich im übertragenen Sinn in die Fluten stürze und losschwimme, ohne mir Sorgen zu machen, was als Nächstes geschehen könnte.

Mein frecher Freund aus Düsseldorf ist ein anständiger Kerl und kommt bestimmt hauptberuflich bald wieder auf die Beine. Ich möchte nicht mit ihm schwimmen gehen. Womöglich bemerkt er meinen lächerlichen Haltungsfehler beim Brustschwimmen, denn meine Frau sagt mir oft genug, dass ich wie ein Enterich dabei aussehe. Ich selber liebe Schwimmen und ich freue mich auch über andere Schwimmer, vor allem, wenn sie im Becken nicht drängeln oder mit ihren Zehen kratzen. „Kein Problem! Wer richtig schwimmen lernen möchte, kommt in meine Schwimmgruppe und lässt sich helfen", höre ich bereits meinen Kollegen aus Düsseldorf zu dem Thema sagen.

13. Januar 2020. Die Informationen über einen Laborunfall in der kleinen asiatischen Stadt ebben langsam in den Medien ab. Stattdessen wird nun die sogenannte Zoonose-Theorie häufig erwähnt, wonach das neuartige Virus auf einem Tiermarkt von einer Fledermaus über einen Zwischenwirt auf Menschen übergegangen sein soll. Kurioserweise befinden sich das Forschungslabor für Viren und der Tiermarkt in ein und derselben Stadt in Asien.

Nachrichten, die sich manchmal widersprechen, tauchen immer häufiger auf. Ich bin diesbezüglich einfach gestrickt und träume wieder von fliegenden Spritzen und Menschen in weißen Overalls, die eine fürchterliche Dummheit begangen haben, alles nur Träumereien. Alles nur ein Traum. Ich bin aber auch ein kleines Dummerchen.

Wieder zurück in Berlin. Die nächsten Einheiten für die Sprachförderung im Nachbarschaftszentrum Divan stehen an. Ich bereite unsere Räume vor, die noch fast im Winterschlaf sind. Brötchen und Orangensaft wollen wir das nächste Mal für die Kinder vom Bäcker besorgen. Die werden dann zwar schick auch auf dem Boden verteilt, aber die Erfahrung zeigt: In den Pausen haben nur wenige Kinder etwas zu essen dabei, was in mehrfacher Hinsicht ungünstig ist, denn gemeinsames Speisen fördert die Kommunikation. Am Nachmittag trommle ich die Schüler von der Goldoni-Schauspielschule zusammen, damit wir für die nächsten Wochen den Unterricht besprechen können.

Die Zeitschrift *Bunte* meldet sich bei meiner Agentur und möchte eine Homestory bei uns in Berlin machen, mit Frau und Sohn. Das letzte Mal haben die einen Bericht über Champ und mich gemacht, als die ganze Familie mit dem *Traumschiff* für das *ZDF* in Thailand war. Sachen gibt es. Wir telefonieren kurz mit der Redakteurin und vereinbaren für nächste Woche ein Interview in einem kleinen Café um die Ecke. Für eine Homestory mit Sohn Silvester möchten wir lieber nicht zur Verfügung stehen, also nur wir zwei.

21. Januar 2020. Der erste Coronafall in den USA wird publik. Ich rufe meine älteste Schwester Sabine in New York an und erfahre, es geht ihr gut. Ich vermisse meine amerikanische Sippe, deutsch-russisch-jüdisch. Hoffentlich sehen wir uns bald wieder. Dabei fällt mir ein, dass ich mit Silvester noch eine Wohnmobiltour vorhabe quer durch die Staaten, am liebsten mit einen Silver Star Platinum 1200 oder einem Silver Bullet Caravan!

Die Schauspielschule läuft wieder an. Meine Schüler sind nach der Weihnachtspause hungrig auf Theaterarbeit und einige möchten Einzelcoaching haben. Am Nachmittag fahre ich zu den Eltern einer Schülerin nach Hause und helfe bei Castingvorbereitungen. Wutanfall und ruhige Argumentation sollen hintereinander gezeigt werden. Das macht sie anfangs etwas vorsichtig, legt dann aber richtig los. Schließlich geht uns das Ganze so sehr unter die Haut, dass wir den Abend bei vegetarischen Teigtaschen und viel Tee gemeinsam mit den Eltern ausklingen lassen, um uns wieder zu beruhigen. Am Abend merke ich, dass in meinem Ohr etwas klingelt. War das heute alles zu laut? Sind das Anzeichen eines Tinnitus? Ich glaube nicht, aber das erinnert mich an die Zeit, in der ich noch nicht wusste, dass ich auf dem linken Ohr weniger höre. Irgendwann machte ich mich dann doch auf den Weg zu einem Hörgerätespezialisten. Mein Freund Andreas (sein Vater ist übrigens einer meiner Mentoren, der wunderbare Günther Pfitzmann) misst mein Ohr, vor allen Dingen innen, und meint schließlich: „Du, Markus, hören tust du auf dem einen nicht mehr besonders gut, aber bevor ich dir jetzt für etliche Tausend Euro etwas verkaufe, frage ich erst einmal nach, ob da vielleicht eine der großen Hörgerätefirmen Interesse hat, dass du deren Maskottchen wirst."

Ein paar Tage später ist der Kontakt zu einer dieser Hörgerätefirmen in die Wege geleitet: Ich werde deren Werbegesicht und bin stolz wie Bolle. Heute programmiere ich mein Hörgerät einmal auf den Tinnitus-Modus, höre bis 22 Uhr sanfte Meereswellen an einem Strand und schlafe dankbar ein.

24. Januar 2020. Das neuartige Virus erreicht Europa. In Frankreich gibt es erste Nachweise.

Mein Freund André Krengel ist in Berlin, ein begnadeter Gitarrist. Er war schon zweimal in unserem Charlottenburger Salon zu Besuch. Weil ihm unsere Location so gut gefällt, treffen wir uns in der Gobelin-Halle des Hotel Bristol und schwatzen ein wenig bei Wasser und Gebäck über die Zukunft. André hat wie immer seinen weißen Papagei auf der Schulter sitzen, erzählt von seiner letzten Tournee durch Europa und möchte, dass ich ein Videoporträt über ihn drehe. Ich bin dabei, lausche, mache mir Notizen. Wir überlegen, wie wir das Projekt zeitnah umsetzen können. Abgefahrene Idee. So etwas hebt meine ohnehin schon gute Laune.

Der Startschuss für den „Charlottenburger Salon" von Champ und mir fiel am Mittwoch, dem 4. November 2009. In der Gobelin-Halle wird am Kamin geplaudert, begleitet von dem charmanten und weltgewandten Herrn Miroslav Harasic, Leiter des Hallenservice, der den Abend mit kleinen Anekdoten bereichert und aufgrund seiner jahrzehntelangen Zugehörigkeit zum Haus liebevoll zum „Inventar" gezählt wird. Champ und ich stellen uns jedes Mal auf kleine Interviews mit den einzelnen Gästen ein, um jeden Gast optimal vorzustellen, sodass wir im Anschluss fließend ins Gespräch kommen. Musikalische Überraschungen gehören ebenso zum Standard wie ein kleines, aber feines Catering – spendiert von der Chefin des Bristol, Birgitt Ullerich. Die musikalische Gestaltung obliegt meinem Freund Fabio Duwentester, der auch die Kompositionen zu dem Kinderhörbuch von Silvester und mir geschrieben hat, das wir bald fertigstellen werden. Wir betrachten die Premiere vom Salon damals als ein Pilotprojekt. Der beste Weg, der Zukunft zu begegnen, ist, sie zu gestalten, sagen wir uns, und so findet der Salon insgesamt zehnmal statt. Jetzt ruht er seit 2018, dem Jahr der Überfälle auf unser altes Zuhause.

27. Januar 2020. Die erste erfasste Erkrankung in Deutschland wird aus dem bayerischen Landkreis Starnberg gemeldet.

Heute ist Vaters Geburtstag. In drei Jahren wäre er 100 Jahre alt geworden. Wir waren oft zusammen im Urlaub. Nach Starnberg und weiter durch die Schweizer Alpen bis ins Tessin gingen unsere Reisen. Die Wanderungen mit ihm sind mit das Schönste, an das ich mich aus meiner Kindheit erinnern kann. Als er 1991 im Sterben liegt, hat er nach seinem Geburtstag noch 19 Tage zu leben. Der Lungenkrebs konnte nur deswegen so schnell wachsen, weil ihm seine Ärzte eine einjährige Röntgenpause verordneten. Zu viel Strahlenbelastung hatte er nach der Bypass-Operation wenige Jahre zuvor aushalten müssen. Genau in dieser Lücke vermehrte sich der Krebs explosionsartig. Auf die Stunde genau am dreizehnten Todestag wird sein Enkel Julius Silvester Kimo Majowski, unser Sohn, geboren.

30. Januar 2020. Die Weltgesundheitsorganisation (WHO) erklärt eine „gesundheitliche Notlage von internationaler Tragweite".

Ein bisschen ängstigen wir uns alle. Noch können wir normal leben, aber ich gehe unweigerlich in Alarmstellung, wenn neben mir jemand hustet. Heute treffen wir uns mit der *Bunte*-Journalistin Nike. Das Café ist voll besetzt und ich habe eine Atemschutzmaske mitgenommen, die ich aber nicht aufsetze. Das Gespräch ist sehr interessant und wir reden viel über mein Gehör und darüber, was die Einschränkung auf einem Ohr mit mir macht:

Wann fiel Ihnen auf, dass Sie immer schlechter hören, Herr Majowski?

Markus: Lange wollte ich das nicht wahrhaben, wenn ich mit meiner Frau und unserem Sohn Julius am Frühstückstisch saß und wieder nichts mitbekam. Ich habe es auf meine Müdigkeit geschoben, weil ich oft bis spät abends Theater spiele. „Warum flüstert ihr denn so?", habe ich dann immer nur gefragt. Die beiden haben lieb geantwortet, dass sie so früh am Tag nicht schreien wollen. Sie stünden ja nicht auf der Bühne. Dann musste ich wieder über mich selbst lachen, weil ich jedes zweite Wort nachfragen musste.

Barbara: Teilweise war es wirklich komisch, weil Markus völlig das Thema verfehlte. An einen Morgen erinnere ich mich genau: Ich habe mit Julius über seine Schulnoten gesprochen und Markus fragte nur: „Ihr geht heute ins Freibad? Wann denn?" Damals habe ich ihn gebeten, zum HNO-Arzt zu gehen und sich die Ohren mal durchputzen zu lassen.

Haben Sie auf Ihre Frau gehört?

Markus: Ich hatte echt Angst davor. Dabei bin ich ja Hypochonder und gehe eigentlich gern zu Ärzten.

Fürchteten Sie eine schlimme Diagnose?

Ich fürchtete eher, mit einem Riesen-Apparat im Ohr zu enden. Mein Vater hatte ähnliche Problem. Ich dachte, es sei vererbt. Allerdings spielte er in einem Orchester und saß zeitlebens vor den Posaunen. Erst als ich merkte, dass es die Familie belasten könnte, habe ich mich durchgerungen, zum Hörakustiker zu gehen. Ein Freund von mir besitzt einen Laden. Andreas Pfitzmann, der Sohn von Schauspieler Günter Pfitzmann (†). Er wusste genau, wie er mir als Technik-Freak das Hörgerät schmackhaft machen konnte. Verbindet man es mit dem Telefon, kriegt man Anrufe direkt aufs Ohr. Musik höre ich via

App-Erweiterung. Und wenn mir das Klappern von Gläsern und Besteck zu laut ist, filtere ich es einfach ganz raus.

Das klingt eher nach High End als Midlifekrise?

Ich fühle mich auf jeden Fall nicht wie ein alter Mann, nur weil ich Hörgerät trage. Im Gegenteil, es hat was Spielerisches. Das Beste ist ein leichtes Meeresrauschen, das ich einstellen kann, wenn ich wieder dieses leichte Piep-Geräusch höre. Kein Tinnitus, aber ein typisches Stresssymptom.

Und wie steht es um Ihr Gehör?

Auf dem einen Ohr höre ich 50 Prozent, auf dem anderen 80. Zum Glück findet meine Frau, dass das Hörgerät sexy Ohren macht. Die stehen dann leicht ab.

Barbara: Stimmt! Zudem ist es angenehm, dass du jetzt nicht mehr behaupten kannst, ich hätte bestimmte Sachen nie gesagt. Und willst du deine Ruhe haben, ziehst du die Dinger einfach raus.

Woran genau liegt der Hörverlust eigentlich?

Markus: Er könnte alle möglichen Gründe haben. Ich war als junger Mann ein Technofan und stand während der Konzerte zu oft und zu nah an den Lautsprechern. Ich war überhaupt ein großer Partygänger. Es war dieser unersättliche Lebenshunger, der mich lange angetrieben hat.

Sind Sie deswegen auch in die Alkoholsucht hineingerutscht?

Je glücklicher ich in meinem Leben war, desto mehr wollte ich es toppen. Ich habe nie aus Kummer getrunken, sondern immer aus Freude. Ich glaube, dieses Nicht-aufhören-können und Nicht-maßhalten-können ist Veranlagung.

Kein leichtes Los für Sie als Partnerin, Barbara?

Mit einem Künstler zusammenzuleben ist nicht immer einfach. Aber unsere Liebe war stets stärker. Wir sind sehr gegensätzlich. Markus ist das Chaos *und ich bin die Ordnung. Das ist wunderbar. Ihm hilft die Struktur und mir hilft seine Verrücktheit und Kreativität. Ich habe ihn ja so kennengelernt und geheiratet. Alle Höhen und Tiefen miterlebt, drei kalte Entzüge, samt Arzt und Klinik. Aber natürlich bin auch ich an meine Grenzen gekommen ...*

Wenn der Partner immer wieder rückfällig wird?

Barbara: Man merkt es nicht gleich. Es wird viel vertuscht. Aber nach dem dritten Entzug habe ich ihm gesagt: „Jetzt musst du dich entscheiden: Familie oder deine bunten Lüfte". Unser Sohn war damals vier Jahre alt.

Markus: Das war der Moment, an dem ich kapitulieren konnte. Denn diese Ansage war ernst zu nehmen. Da wusste ich, dass ich Barbara und Julius nicht verlieren möchte. Von einer Sekunde auf die andere habe ich keinen Tropfen Alkohol mehr angerührt. Seit dem 4. August 2008 bin ich trocken. Seitdem führen wir ein sehr harmonisches Familienleben mit zwei Hunden, unserem Sohn, der jetzt 16 wird. Wir kümmern uns intensiv um unsere Mamas und feiern demnächst unseren 20. Hochzeitstag.

Nur Ihre Karriere hat einen Knick bekommen ...

Ich habe nicht während der Dreharbeiten getrunken. Ich war ein typischer Quartalstrinker, habe problemlos nebenbei „Die dreisten Drei" gedreht. Aber ich musste, als ich abstinent wurde, viele Jobs und Angebote absagen, weil ich fast täglich an Selbsthilfegruppen teilgenommen habe. Diesen Filou, die Kreativität und meinen Witz kann ich aber auch heute noch jederzeit abrufen. Jetzt mache ich das meist auf Theaterbühnen. (Nike Emich, Freigabe: Bunte Online)

01. Februar 2020. Ich bin jetzt drei Jahre bei der Goldoni-Schauspielschule als Lehrer tätig. Heute bietet mir meine Chefin Beatrice Arnim vor meiner Unterrichtseinheit an, mich bei einem Start in die Selbstständigkeit zu unterstützen. Sie hat zu viele kleinere Klassen und zu wenig Räume. Wir vereinbaren, dass ich im Nachbarschaftszentrum Divan wegen zusätzlichen Räumen nachfrage und einfach einen Start mit drei eigenen Klassen wage. Ich bleibe der Goldoni als Springer erhalten, falls mal Kollegen krank oder verreist sind. Meine Vertretungsstunden bei der Goldoni sind jetzt schon spannend und ich komme gut klar mit dem Quereinstieg bei den Klassen meiner Kollegen. Die Schüler bekommen einen anderen Input und gewinnen eine neue, konstruktive Sichtweise auf ihre Rollen. Heute steht der „Sommernachtstraum" von Shakespeare auf dem Programm. In dem Stück träufelt der Geist Puck den Menschen ein Serum in die Augen, um alle Verhältnisse und Beziehungen zu verdrehen. Ich weiß auch nicht, aber irgendwie erinnert mich das an die Gegenwart. Serum, Virus, Serum, Virus – wer weiß schon, was was ist.

05. Februar 2020. Ich rufe meine eigene Schauspielschule, die ich Majolo-Stage nenne, ins Leben. Das mit den Räumlichkeiten im Divan klappt und unser Projekt „Das blaue Flüstern" beansprucht ab jetzt viel Zeit und Energie. Meine Schüler sind hochmotiviert. Wir machen viele Improvisationen zum Thema „Gewaltloser Widerstand" und „Zivilcourage" – und ich spüre, wie das Vertrauen der Schüler in mich wächst.

11. Februar 2020. Alle reden über die Verbreitung des neuartigen Virus. Es erhält den Namen SARS-CoV-2. Mit Ägypten ist die neuartige Lungenerkrankung, die das Virus auslöst, jetzt im ersten Land Afrikas.

Mein Kollege aus Düsseldorf schickt mir Textnachrichten, dass er Angst hat und ob ich einen Kaffee mit ihm trinken gehe. „Können wir bald überhaupt noch zur Arbeit gehen, Markus? Ich flippe aus! Und was ist mit meinem Nebenjob als Schwimmlehrer?" Ich schicke ihm einen Frosch-Emoji mit der Information, dass ich leider schon in Berlin bin.

Mein innerer Angsthase sagt: „Tu etwas, jetzt. Du wirst bald keine Arbeit mehr haben. Los, Markus, mach mal was Neues." Mir wäre gerade eine Pause ganz recht. Ich will es mir gemütlich machen: Bücher lesen, Filme gucken, dreist mit dem Geschmacksverstärker der Kapitulation flirten, einer leichten Trägheit. Und dann starre ich auf meinen Kontoauszug und rechne das Jahr hoch. Ich male mir aus, was in fünf oder sechs Monaten ist, wenn ich jetzt nicht mit Alternativen beim Geldverdienen anfange. Gut wäre etwas, das Spaß macht und mir gleichzeitig Sicherheit gibt. Beim fröhlichen Pläneschmieden stelle ich fest, dass die Unsicherheit, die ich ständig als Künstler erlebe und die alle Solokünstler kennen, bescheuert ist. Es ist ein ständiges Anbiedern, um Jobs zu bekommen. Oder man ist einfach so wahnsinnig geil innovativ und faszinierend oder einfach nur berühmt, dass das alles von selbst läuft. Dann ist man der Überflieger, der Megakünstler, dem die Angebote nur so zu fliegen. Ich mache mich auf die Socken, schaue in den sozialen Netzwerken nach, was die anderen Künstler so treiben. Dabei wird mir klar: Noch ist die Lage entspannt, kaum jemand macht sich Sorgen. Viele meiner Schauspielkollegen planen Soloauftritte oder berichten von famosen Dreharbeiten für ihren nächsten TV-Auftritt.

Was sagen die internationalen Nachrichten? Dieses eine Land in Asien und Amerika vertragen sich aktuell ganz wunderbar! Das tun sie jetzt schon seit Mitte November. Super, die Amis haben bei der schlimmen Schweinegrippe im Fernen Osten wirklich toll geholfen. Hatte ich die eigentlich schon, die Schweinegrippe?

Ein neuer Beruf wäre nicht schlecht. Ich kann mir etwas mit Handwerk vorstellen: Morgens aufstehen und arbeiten gehen, das wäre etwas für mich, vielleicht schrauben, hämmern und nageln. Dampf ablassen mit den Händen! Ich möchte eins zu eins sein mit dem wirklichen Leben, um die Ecke kommen und eine normale Reaktion der Leute bekommen. „Ah, da kommt der Mann mit dem passenden Werkzeug!" Und nicht: „Geil, der Markus aus dem Fernsehen!"

Vielleicht könnte ich zu den Menschen so eine Art Handelsbeziehung aufbauen, bei der ich mich mit etwas Praktischem einbringen kann – auch Gärtner geht, dann komme ich mit Gartenschlauch und Schubkarre.

Die Großen der Welt pflegen kluge Handelsbeziehungen, die sie auch wieder ganz leicht auflösen können, wenn ihnen etwas nicht passt. Das ist so wie bei mir und meinem frechen Kollegen aus Düsseldorf. Erst haben wir uns gar nicht verstanden. Und dann hat es gekracht zwischen uns. Da haben wir ein Abkommen geschlossen. Keine Bemerkungen mehr unter die Gürtellinie und das funktioniert richtig oft. Manchmal brechen wir den Frieden, damit die Dinge in Bewegung kommen.

So, Markus, mach mal. Ran an die Buletten! Ich suche nach Jobangeboten in einem völlig unbekannten Metier, etwas, das keiner meiner Kollegen machen würde, also auch nicht Schwimmschule. Auf den meisten sozialen Plattformen, vor allen Dingen auf der von dem Rothaarigen aus San Francisco, finde ich Anzeigen eines Alarmanlagenherstellers und Vertriebsvereins. Der kommt ursprünglich von ganz weit oben im Norden der Welt. Also wahrscheinlich Wikinger! Very international!

Also eine Alarmbewerbung. Ich befinde mich im Kontaktformular und studiere die Informationen. „Wir sind innovativ und du hast es drauf?" Ich soll da einmal anrufen oder eine E-Mail hinschicken, die suchen noch Leute im Verkauf. Man hat auch Aufstiegschancen. Donnerwetter, die Anzeige schreit mich förmlich an. Man kriegt einen Dienstwagen und macht eine Ausbildung, natürlich in umgekehrter Reihenfolge. Mit einer kleinen Schweißperle auf der Stirn sehe ich mich hinter dem Lenkrad eines Lieferwagens mit Barcode-Scanner und Uniform. Nachdem ich ein paar Sätze über meine Person geschrieben habe und von meiner Freude an technischen Dingen berichte, muss ich mich erst einmal hinlegen, springe aber schnell wieder auf, weil ich das schon von mir kenne. Hinterher heißt es dann: „Was wollte ich gleich noch mal machen? Keine Ahnung, keine Zeit! Ist mir doch wurscht!"

Schicke ich meine Mail-Bewerbung jetzt ab? Klick. Nein, lieber nicht. Dingdong. Zu spät. Ich lasse einen anderen, stärkeren Willen entscheiden, ob das etwas für mich ist. Die Mail ist raus – und ich glaube, ich habe das direkt über einen sogenannten Verlinkungsbutton auf der sozialen Netzwerkplattformseite gemacht. Das ist angeblich gefährlich, was man wissen sollte. Man gibt da dann so Metadaten von sich preis, glaube ich. Das ist nicht so dufte, aber ich finde schön, dass es das Angebot gibt mit dem Dienstwagen. Dadurch kann ich auch einmal die Hunde mitnehmen und meine Mutter öfter besuchen, denn Carsharing wird mir langsam zu teuer. Ein paar Minuten später bekomme ich Werbung für Antidepressiva, habe ich nie bestellt oder irgendwo angeklickt und ich fühle nichts dergleichen. Ich habe nur ein wenig Angst vor der Zukunft und vor dem, was mit meinen Metadaten alles passieren könnte. Das hat das Internet bemerkt – mit seinen schlauen Algorithmen hat es mich als ängstlichen Typen eingeordnet.

Okay, bin ich also ängstlich, aber verkaufen kann ich gut. Das habe ich bei der Telekom auch gemacht, allerdings im Fernsehen mit Werbe-

Markus macht mal! © Dominik Beckmann

Dichter und Denker. © Barbara Majowski

Was singen die Vögel mir? Als Kantor Hampel in Bad Segeberg.

© *Andreas Springer*

Die 3 Sünder
Ein spannendes Talk-Theater

Schon komisch, was alles schief gehen kann. Drei zutiefst gläubig Männer, Bernd (von Beruf Pfarrer), Markus (Schauspieler und trockener Alkoholiker) und Kevin (ein Berliner Rapper) laden sich in ihre regelmäßige Männerrunde den regional bekannten atheistischen Professor für Wissenschaft und Forschung ein. Ihre Grundfrage: „Ist es möglich für einen rational denkenden Menschen, NICHT an Gott zu glauben?"

Während die drei ungeduldig auf ihren verspäteten Gast warten, gerät die Beziehung untereinander reichlich in Unordnung. Der Pfarrer Bernd beginnt an der Aufrichtigkeit von Schauspieler Markus zu zweifeln. Markus hat heute zwar vergessen zu beten, findet aber die Kleidung und Wortwahl überhaupt nicht angemessen! Und Kevin möchte den beiden seine unbedingte Liebe zu Jesus begreiflich machen, kommt aber nicht durch, weil die beiden eigentlich nur mit sich selbst beschäftigt sind. Bernd und Markus sind der Meinung, Kevin sollte lieber singen.

Der langersehnte Gast platzt dann mitten in die Song-Performance von Kevin und ein tot-komischer Moment entsteht. Denn auf dem Weg zu den dreien braucht der Gast die Hilfe des Publikums.

Es beginnt ein fröhlicher, leicht chaotischer Talk, nicht ohne politische Spitzen. Wer kann wen überzeugen? Immer wieder wird das Publikum beteiligt und muss auch Stellung beziehen.

AUF DER BÜHNE:
Markus Majowski, Berlin (Komödiant, Charakterdarsteller, Schriftsteller, Regisseur und Musiker unter anderem bei „Die dreisten Drei", „Dora Heldt", „Der letzte Zeuge" „Sieben Zwerge" oder bei den Karl-May-Festspielen)
Bernd Seifert, Niederaula (Pfarrer, Kulturpastor, Autor, Moderator, Bibelexperte)
Kevin Neumann, Berlin (Rapper, Grafik-Designer, Gewinner Songtalent 2015, neueste CD: Himmelswelten)

INFOS & BOOKING:
PROMIKON
mail@promikon.de
06449.7190090

Drei fröhliche Sünder betrachten die Dinge hinter dem Horizont. © Dirk Dehmel

Wie der Herr, so der Hund (Utzy)! © Markus Majowski

Berlin ist meine Heimat. © Kai Stuht

Drei Gesichter, ein Mann! © Kai Stuht

Als Philostrat im „Sommernachtstraum". © Joern Hinkel

Champ und ich im Sommer 2020. © *Anne Huneck*

Nina Hagen stärkt mir den Rücken.
© Zipfelmützenfilm

Tobi und Utzy, die beiden Cousins.   © Markus Majowski

Markus, wirf mal Stöckchen!   © Markus Majowksi

Vater und Sohn Majowski schippern über den Wannsee. © Michael Borasch

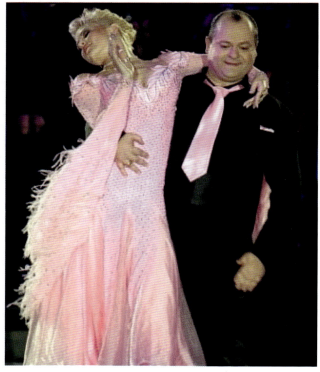
Anastasiya und Markus beim Walzer-Auftakt. © Barbara Majowski

An meinem Lieblingsplatz, Berlin Schlachtensee. © Barbara Majowski

Traumschiff nach Thailand. © Dirk Bartling

Der fabelhafte Gitarrist André Krengel mit seinem Papagai Rocko.
© Markus Majowski

Von Herzen, meine liebe Mutter.
© Markus Majowski

Champ, meine fröhliche Frau und Partnerin.
© Markus Majowski

René Heinersdorff, Theaterleiter in Düsseldorf, Köln, Essen und München.
© R. Heinersdorff

Ordnung und Ausdauer helfen bei der Arbeit als Installateur. © Barbara Majowski

Runter vom roten Teppich, rauf auf die Leiter! © Markus Majowski

Pause von der Installation. © Barbara Majowski

Jetzt noch die Kamera und sicher ist die Halle! © Barbara Majowski

„39 Stufen", Hitchcock in Bad Hersfeld. © *Nikki*

Agent Markus, getarnt als Straßenlaterne („39 Stufen" von Hitchcock in Bad Hersfeld).
© *Timo Schadt / Markus Weber*

Das bunte Ensemble von „Ungeheuer Heiss"! © Dominik Beckmann

Unser Familienwappen, Leben im Einklang mit Gott. © Markus Majowski

Da sind wir und haben viele Fragen, Herr. © *Dirk Dehmel*

Mit Helen Schneider in „Der koschere Himmel", Hamburger Kammerspiele 2021.
© *Bo LaHola*

clips. Das Verkaufstalent habe ich von meiner lieben Großmutter – Gott habe sie selig – geerbt. Die stand nach dem Krieg auf der Feuerbachbrücke in Berlin-Friedenau und hat erfolgreich Reformhausprodukte vertrieben. Ich freue mich sehr, dass das jetzt vorangeht mit meiner Spontanbewerbung, weil ich jetzt in Omis Fußstapfen trete. Das ist so ähnlich wie der digitale Fußabdruck meiner Metadaten, also völlig in Ordnung. Mal gucken, wann ich auf die E-Mail eine Antwort bekomme. Ich bin schon etwas aufgeregt.

Aber heute habe ich keinen Stress im eigentlichen Sinne. Es ist im Moment ohnehin nach der Theatersaison in Düsseldorf alles im Lot. Das Geld ist noch nicht ganz aufgebraucht. Und ein bisschen was beiseitegelegt habe ich auch. Nicht viel. Und bald gehen die Proben für ein neues Theaterstück los – bei mir geht es rund! Gerade kommt wieder eine SMS von meinem frechen Kollegen aus Düsseldorf. Er meint, ich soll mich nicht aufregen: Demnächst gibt es gruselige Nachrichten über all das, was sich bald verändert. Apropos aufregen. Ich denke oft an die Momente, in denen mein Kollege in seiner Garderobe die Arie „Wie eiskalt ist dies Händchen" aus „La Bohème" von Giacomo Puccini laufen lässt. Mit dem Tenor Fritz Wunderlich in der Rolle des Rudolfo passiert bei mir gar nichts. Ich höre zu oder höre weg und bin ungestört. Schmettert hingegen der liebe Luciano Pavarotti die Arie, werde ich zu einem anderen Wesen. Ich schwöre – ich hatte mich schon an die Musikeinspielung meines Kollegen gewöhnt, „La Bohème" ist sogar eine meiner Lieblingsopern, nur: Jeden Abend vor der Vorstellung dieselbe Arie? Das war neu für mich, denn sie ist sehr eindringlich – und wenn sie Pavarotti singt (mein frecher Kollege variiert da gern einmal), gerate ich aus den Fugen.

Als wir beide, der Düsseldorfer Kollege und ich, noch im alten Jahr ständig miteinander rumzickten – ich weiß gar nicht mehr, worum es eigentlich ging –, merkte ich oft bei meinen Auftritten, wie mein Blutdruck draußen auf der Bühne ganz weit oben und ich sehr aufgeregt und echauffiert war – immer über lange Zeit. Jedenfalls stand ich wie der schnaubende Ochse vor dem Scheunentor, spürte noch immer die drei Halbtonschritte über dem zweigestrichenen C von Pavarotti in meinem Körper und fragte mich, ob ich einen Defekt hatte.

In meinem E-Mail-Postfach tut sich nichts. Ich gehe die Probenplanung für Essen durch und male mir aus, wie ich in meiner neuen Rolle lässig einen meiner Lieblingssätze fallen lasse: „Ich bin Hausmeister und werde für jeden Scheißjob gerufen." Das sagt die Figur Berti, ein gehörnter Ehemann mit einem wunderbaren Beruf: Er ist zuständig für die Überwachungskameras der Wellness-Grotte. Berti ist ein angenehmer Zeitgenosse und ich freue mich auch über die Größe der Rolle, mittelklein, auch mal schön – und einer meiner Lieblingsmenschen René Heinersdorff führt Regie in einer Koproduktion des Theaters an der Kö, Düsseldorf, und der Komödie im Bayerischen Hof, München. René bittet mich sogar, eine Regiefassung von dem Stück zu schreiben, auch weil ich ihm diese Komödie ans Herz gelegt habe. Die Kollegin Kerstin Fernström hat es aus dem Schwedischen übersetzt, spielt selber mit und ist mir sehr dankbar, dass ich mich für das Stück eingesetzt habe. Ich lerne schon seit etlichen Wochen Text und bin mit mir und der Figur im Einklang. Der Berti hat aber auch als Hotelhausmeister einen angenehmen Beruf und darf die Überwachungskameras ganz allein warten und überprüfen. Reizend. Eine E-Mail kommt rein. Jetzt schreiben die Wikinger bestimmt, ob sie mich treffen wollen oder nicht. Nein, es ist René und er hat keine guten Nachrichten.

Lieber Markus. Im Moment verändert sich hier alles durch Corona. Wir wissen nicht, wie's weitergeht. Außerdem hat sich jetzt kurzfristig ergeben, dass wir in München proben müssen und nicht in Essen. Frag mich nicht, warum, lauter Missverständnisse! Ich muss aber selber jeden Abend in Essen auf der Bühne stehen und spielen. Und so kann ich die Regie bei unserem Projekt „Ungeheuer heiß!" nicht leisten, ohne ständig zwischen zwei Städten hin- und herzufliegen. Jetzt wissen wir nicht, wie es weitergeht. In München wird bereits ein neuer Regisseur gesucht, aber ich habe dich vorgeschlagen. Das wäre deine dritte Regie, oder? Ich finde, das passt. Es ist dein Projekt. Traust du dir das zu? Berti spielen und Regie führen? Bitte lass uns telefonieren. München meldet sich morgen bei dir. Dein Robbie.

Der Spitzname Robbie passt irgendwie zu René, wie man auf den meisten Fotos von ihm erkennen kann. Er wirkt zutraulich und zugleich spitzbübisch. Seine Mail lese ich gleich noch einmal. Ich blicke auf meine Hände und lausche in meinen Körper hinein. Noch ist alles ruhig, nur ein leichtes Beben im Vorhof, rechte Herzkammer. Das Hohe-C-Gedächtnis meldet sich und ich frage mich erneut, ob ich einen Defekt habe. Habe ich schon erwähnt, dass ein Arzt neulich zu mir gesagt hat, ich sei ein latenter Hypochonder?

Meine Cousine Katja ist Heilpraktikerin und meint, der sogenannte COMT-Defekt könnte für meine chronische Erschöpfung verantwortlich sein. Der ist genetisch bedingt. Das bedeutet, dass einige Menschen, die viel Leistung bringen, urplötzlich und ganz doll in die Erschöpfung kommen, weil ihre Mitochondrien nicht in der Lage sind, Stress schnell genug wieder abzubauen, so wie es die meisten Menschen können. Meine Cousine hat mir Nahrungsergänzungsmittel dagegen empfohlen (könnten unter Umständen lebenswichtig sein – schließlich wissen wir nicht, was mit Corona noch so alles auf uns zukommt): L-Carnitin, L-Theanin, GABA, Ubiquinol, Kiefernrindenextrakt sowie Vitamin D, B12 und C. Auch Sport in Maßen kann als Therapie eingesetzt werden. Das trifft sich gut. Ich versuche sowieso, täglich 10- bis 15.000 Schritte zu machen. Die Schritte zählt mein Telefon beziehungsweise meine Uhr. Bald werde ich 20 Kilo weniger haben. Ich muss nur noch ein bisschen an der Ernährung schrauben, Du brauchst mich gar nicht dran erinnern. Doch, mach ruhig, ist lieb gemeint, ich weiß.

Die Erregung über die Mail von René legt sich langsam – meine Nahrungsergänzungsmitteldosis scheint zu funktionieren.

Gerade kommt die Antwort auf meine Bewerbung herein.

Sehr geehrter Herr Majowski,
vielen Dank für das freundliche Telefonat.
Ich möchte Sie herzlich zu einem ersten Kennenlernen in unsere Niederlassung in Berlin einladen. Ich freue mich auf Ihren Besuch! Ihr Termin wäre am 12. Februar um 11:30 Uhr.

Scheiße. Schon morgen?

Es kommt immer auf die Perspektive an. Wenn man in einem emotionalen Tal ist, also einen Tiefpunkt hat, braucht man sich diese Situation nur einmal andersherum vorzustellen. Ich sehe zwar, dass es ganz weit nach unten geht, aber möglicherweise befinde ich mich bereits wieder auf dem Weg nach oben. Dem Theater in München werde ich sagen, dass ich bereit für die neue Herausforderung bin, gar keine Frage. Gleichzeitig auf der Bühne stehen und Regie führen, kein Problem. Ich blättere das Stück durch, zähle die Kollegen, die mit mir gemeinsam auf der Bühne stehen, denke an meine bezaubernde Kollegin Marie Theres Kroetz Relin (die Tochter von Maria Schell) – und stelle fest, dass meine Figur, der Berti, quasi permanent auf der Bühne ist. Ach du Schreck!

12. Februar 2020. In meiner Erinnerung ist das ein ganz anderer Tag, fühlt sich die Bewerbung bei den Alarm-Wikingern wie Frühling an – warm, freundlich. Ich stehe sehr früh auf und nutze die Ruhe in der Wohnung zum Ankommen im Tag. Ist das Meditieren, was ich da mache? Eher Sitzen in der Stille, sagt meine liebe Frau. Ich sitze einfach da und male mir aus, was ich in zehn Jahren über mich denken werde. Erfolgreicher Schauspieler wird Handelsreisender, ein tragisches Dilemma mit Mitte 50. Was wirklich tragisch wäre: wenn mir nur eine Möglichkeit übrig bliebe und ich oder jemand mir Nahestehendes unter den Folgen leiden würde – oder auf die Fresse kriegen und dabei ungewollt vorankommen würde, das ist auch tragisch.

Ich fühle mich überhaupt nicht bereit für Veränderung, habe einen Scheißbammel. In meinem Kopf kreisen Sätze wie: „Es ist erlaubt, zu tricksen, um das Spiel aufzumischen. Wenn ich jetzt ungewöhnliche Züge riskiere, erst einmal den einen oder anderen Spielstein verliere, kann das schlau sein! Wer nicht flexibel bleibt, verliert das Spiel!" Das weiß ich vom Backgammon.

Soll ich die U-Bahn zum Vorstellungsgespräch nehmen? Nachher läuft es nicht so gut und ich sitze womöglich heulend zwischen Schülern und Berufspendlern, die alle zufrieden nach Hause fahren.

Ich schaue auf meine Carsharing-App, Wagen reserviert, ein schwarzer, kompakter Mini – und los. Vorstellungsgespräche kenne ich. Ich gehe wie die meisten Schauspieler zu Castings, aber nicht oft, denn ich drücke mich gern, bin nicht so gut darin. Als Schauspieler muss ich mich ungefähr zwanzigmal im Jahr neu erfinden, indem ich mich für neue Rollen bewerbe und sie idealerweise auch bekomme, wenn ich clever genug auf mich aufmerksam mache, auch mal schubse und trickse, mich aber ansonsten fair und anständig verhalte. Irgendwie bekomme ich beides unter einen Hut. Schauspielerei ist hartes Brot, harmonisches Arbeiten ist etwas anderes: Ich nähere mich durch aufreibendes Kämpfen dem Sinn hinter meinem Text, finde meine Figur, indem ich mich selbst und mein Umfeld zerlege und anschließend wieder zusammenbaue.

Ob die bei der Alarmfirma wohl Leute mit meinen Fähigkeiten suchen? Ich komme auf dem Firmengelände an. Der erste Eindruck ist: Da ist noch einiges im Aufbau. Das Gebäude ist nicht so schön, aber die Räumlichkeiten! Langer Flur, viele Räume, Glastüren. Und große Tische mit vielen Stühlen, im Eck die unvermeidlichen Flipcharts. Ich werde begrüßt mit einem Lächeln, Punktgewinn für die Firma. Zwei ausgesprochen angenehme Menschen bieten mir ein Glas Wasser an und beide bringen mir eines, während ich sitze und warte. Jetzt habe ich also zwei, das fängt gut an. Ich bin gerührt. Dann kommt der Recruiter, ein lustiger Typ mit Zopf und eng geschnittenen, stylishen Klamotten. Ist das jetzt der, mit dem ich schon E-Mail-Kontakt hatte? Ja. Er stellt sich vor, ist ein bisschen wuschig, fängt sich aber schnell. Ich fixiere den Zopfmann. Der Raum um mich herum verschwimmt. Ich rekapituliere die Empfehlungen für psychologische Kriegsführung: „Spiegle dein Gegenüber." Seine Körpersprache ist eine Einladung. Das hier ist kein Krieg, das ist Abchecken. Ich spiegle seine Körperhaltung, die Hände, wie er sitzt. Das funktioniert. Und ich stelle meine Füße unterm Tisch quer, die Spitzen der großen Zehen zueinander. Die wollen etwas von *dir*, sage ich mir. Dann verändert sich die Zopfschwingdynamik meines Tischnachbarn und schon öffnet sich meine Zehenstellung. Alles an mir möchte jetzt weg von hier. Der Zopf hat mich erkannt. Er macht sich Notizen und lauscht kritisch meinen Worten, die ich selber nicht mehr verstehe. „Anzeige im Internet gefunden ... war immer schon handwerklich interessiert ... aber nie ausgelebt ... meine Patschehändchen ... das passt gerade gut bei mir ... übrigens, schicker Zopf!" Sein Träger sagt: „Ich denke, jetzt kommt besser unser Branch Manager dazu." Mein neues männliches Lieblingsmodel verschwindet und kommt eine Ewigkeit nicht wieder. Ich checke den Wetterbericht auf meinem Telefon. Die App hängt sich auf. Habe ich das Cabrioverdeck offen gelassen? Fahre ich überhaupt ein Cabrio? Wer bin ich – und wenn nein, wie oft? Mein Lieblingsmodel kommt zurück in Begleitung von Oscar. „Ist das hier versteckte Kamera, Herr Majowski? Mein Kollege sagt, Sie meinen es ernst. Oder?" Schluck. „Ernst, ja, ernst." Oscar lacht laut und hustet, was Raucher so husten. Seine Stimme ist sehr angenehm. „Na, dann erzählen Sie mal, was führt Sie zu uns?" Ich fühle mich wie kurz vor der Abiturprüfung. Oscar sitzt aufrecht, nickt und lächelt und stellt die Gretchenfrage. „Wie hast du es mit der Religion?" Verzeihung, Scherz, nein, er fragt: „Können Sie Vollzeit bei uns arbeiten?" Damit trifft er zielsicher den wunden Punkt. Wie viel Zeit bin ich bereit zu opfern? Für mich wird kein roter Teppich ausgerollt, Teamwork ist gefragt. Oscar zuckt mit der Wimper. Dann spricht er von den Möglichkeiten, zukünftige Marketingkampagnen mit meiner Person zu verknüpfen. Er deutet das nicht nur an – und das gibt mir einen Herzhüpfer.

Abschließend stelle ich meinerseits eine wichtige Frage. Was ist, wenn ein Filmengagement oder ein Theater ruft? Oscar sagt: „Für diesen Fall vereinbaren wir ein Codewort. Ich will Ihnen nicht im Wege stehen. Sie nehmen sich unbezahlten Urlaub und drehen, was Sie drehen müssen." Wie das Codewort heißt? *Hollywood!* Bevor wir uns verabschieden, kündigt Oscar an, dass die Ausbildung schon bald beginnen werde. „Erst einmal hier vor Ort, alles von der Pike auf lernen, die Anlage verstehen und dann Verkaufsschulung im Rollenspiel. Das kannst du bestimmt gut, Markus. Wir suchen übrigens auch immer neue Trainer und Coaches." Plötzlich sind wir beim „du".

Ich schnaufe kurz, meine Zehen möchten sich auf dem Tisch vor mir ablegen und eine mir unbekannte Stimme gurrt in meinem Rachen: „Da denke ich einmal drüber nach." „Sobald du gut in deinem Team funktionierst, bekommst du noch eine Installationsschulung und bringst deine Verkäufe bei den Kunden selber an!" Okaaaay. „Wenn alles nach Plan läuft, kannst du schnell zum Teamleiter aufsteigen." Danke. „Bis bald, Markus. Denk in Ruhe nach, ruf uns an. Wir schicken dir die Verträge zu. Und nicht vergessen, dein polizeiliches Führungszeugnis sollte einwandfrei sein." Ich schlendere zum Parkplatz, stelle fest, dass mein Carsharing-Mini-Cooper kein Verdeck besitzt, rufe meine Frau an, dann meine Mutter. Auf der Heimreise kommen mir Zweifel. Beschädigt das mein Renommee als Künstler? Was ist mit dem Zeitfaktor? Was ist mit den Theaterengagements und der Leitung meiner Schauspielschule? Und werde ich als Schauspieler wirklich alles machen können, auch wenn Hollywood nicht im Spiel ist?

Ich warte den nächsten Tag ab, kommuniziere mit Dir und lasse die Gedanken sacken.

13. Februar 2020. Frankreich meldet den ersten Todesfall im Zusammenhang mit Covid-19 in Europa.

Irgendetwas in mir muss geahnt haben, dass wir auf einen Lockdown zusteuern. Irgendetwas in mir und in den 123 SMS-Nachrichten von meinem frechen Kollegen aus Düsseldorf. „Markus, mach mal!" Ich beschließe, niemals, wirklich niemals irgendwelchen Verschwörungstheorien Glauben zu schenken. Die Umstände so zu nehmen, wie sie nun einmal sind, fällt mir nicht schwer, denn ich bin bereits am Boden. Es kann nur noch besser werden. Im Laufe des Tages sind drei Absagen von potenziellen Filmangeboten in meinem Postfach sowie die Ankündigung vom *RBB*, unser neues Comedy-Format „Urteil oder Unsinn" nicht fortzusetzen. Frechheit! Ist da eine weltweite Verschwörung im Gange? Zweites Untergeschoss, bitte aussteigen.

Ich lese einige Internetbewertungen der Alarmanlagenfirma. Nicht alle sind okay. Die Konkurrenz ist groß und je erfolgreicher ein Unternehmen ist, desto wahrscheinlicher sind Fake-Kommentare von Mitbewerbern. Vor allem der Einzelhandel greift auf breiter Front meine Alarmanlagenfirma an, die nach der Marktführerschaft in Deutschland strebt. Das erzeugt Neid. Jetzt schreibe ich schon „meine Alarmanlagenfirma", dann kann ich auch zusagen. Bei Oscar habe ich ein gutes Gefühl. Gesagt, getan, die Mail an ihn ist raus. Und was ist mit meinem Künstlerrenommee? Da hatte ich schon ganz andere Probleme, lass die Leute reden.

Und der Zeitfaktor, die Theaterengagements, die Schauspielschule, die Drehs für Kino und TV? Vorerst bekomme ich alles unter einen Hut, später muss ich dann halt aussortieren.

Ich widme mich den Vorbereitungen für die nächste Schauspielklasse. „Das blaue Flüstern" soll im Mai oder Juni aufgeführt werden.

Im Traum setzt sich eine Taube auf meine Hand und sagt mir: „Du wirst dich entschließen, dein neues Leben mit aller Kraft zu umarmen. Bis du endlich das Gefühl hast, dass du alles hast, was du willst. Alles, wofür du jahrelang gekämpft hast. Dann wirst du wissen, dass du nichts anderes brauchst, um glücklich zu sein!" Ich antworte: „Vielleicht auch nur, um irgendwas anderes in meinem Kopf zu begraben?" Die Taube flattert davon und ich erwache.

23. Februar 2020. In Europa ist Italien am stärksten betroffen: Es gibt mehr als 150 nachgewiesene Infektionen. Das Land riegelt viele Städte im Norden ab.

Heute bestelle ich mir asiatische Atemschutzmasken. Die haben vorn so ein Filterteil dran. Jedenfalls laut Bildern und Beschreibung machen die Dinger für mich Sinn. Medizinischer Mundschutz liegt zwar schön leicht auf meinem Gesicht, verrutscht aber manchmal – und die sind irgendwie gar nicht straff genug, da kommt seitlich was durch. Wir proben weiter „Das Blaue Flüstern", die Schüler sind hochmotiviert.

27. Februar 2020. Der neu eingerichtete Krisenstab der Bundesregierung tagt zum ersten Mal. Die Schweiz verbietet vorübergehend Veranstaltungen mit mehr als 1.000 Menschen.

Meine Mama hat die beste Idee des Jahres. Bevor wir strengere Regeln bekommen und womöglich zu Hause bleiben müssen, lädt sie meinen Sohn und mich zum Essen ein. Der schicke Italiener um die Ecke hat geöffnet. An den Tischen gibt es nur ein Gesprächsthema: „Wie kann man bloß so viel Gedöns um eine einfache Grippe machen?" versus „Wir haben es ganz offensichtlich mit einer weltweiten, tödlichen Gefahr zu tun."

28. Februar 2020. Ich habe einen neuen Auftrag, bin heute in einem Seniorenstift und bereite die autobiografische Arbeit von einigen Bewohnern vor. Die ersten Gespräche sind hochinteressant. Wahrscheinlich werde ich bald nicht mehr kommen dürfen. Die älteren Herrschaften haben Respekt vor der Gefahr einer Seuche, schmunzeln aber auch über die Panik der Jüngeren, weil sie schon so viel in ihrem Leben gesehen haben.

02. März 2020. Es gibt Infektionen in circa 60 Ländern. Die WHO zählt rund 3.000 Todesopfer.

Heute soll ich eigentlich auf einer Selbsthilfe-Convention in Lübeck sprechen, doch die Veranstaltung wurde verschoben. Als Thema hatte ich mir herausgesucht: „Du brauchst keine Forderungen stellen, wenn du zu Gott betest. Besprich lieber mit ihm, was er von dir möchte. Ein Gebet ist dafür da, eine Beziehung mit Gott zu pflegen, und nicht dazu, dass er uns irgendwelche Dienste leistet, die uns gerade einfallen."

03. März 2020. Die Leipziger Buchmesse wird abgesagt.

07. März 2020. Italien erklärt das ganze Land zur Sperrzone. Der DAX verzeichnet die höchsten Verluste seit den Terroranschlägen vom 11. September.

Alle meine Arbeitgeber zahlen pünktlich meine Gehälter, Divan-Nachbarschaftszentrum und Goldoni. Ich bestelle mir ein neues Mikrofon für die Onlinearbeit im Internet. Die Proben für unser Filmprojekt „Das blaue Flüstern" laufen super.

09. März 2020. Die WHO ruft eine Pandemie aus. Kanzlerin Angela Merkel warnt vor einer Überlastung unseres Gesundheitssystems.

11. März 2020. In den meisten Bundesländern sind Schulen und Kitas geschlossen, andere folgen. An den Grenzen zu Frankreich, Österreich, Luxemburg, Dänemark und der Schweiz setzt die Bundesregierung strenge Kontrollen und Einreiseverbote in Kraft.

12. März 2020. Die für den Sommer 2020 geplante Fußballeuropameisterschaft wird um ein Jahr verschoben.

Ich frage immer mal wieder nach bei dem Recruiter mit dem Zopf, ob die Schulung schon in der Pipeline ist. Er vertröstet mich wegen Corona. Heute sage ich meinem Freund, dem Gitarristen André Krengel, Bescheid, dass ich sein Videoporträt verschieben muss.

13. März 2020. In einer Fernsehansprache spricht Angela Merkel von einer Herausforderung von „historischem Ausmaß".

Heute mussten auch die letzten Theater und Orchester in Deutschland ihre Türen schließen. Viele wissen, dass Kultur systemrelevant ist. Daher bildet sich schnell eine Bewegung, die auf einen nicht unwichtigen Aspekt hinweist: „Ohne uns wird es still!" Meine liebe Mama ruft an und meine geliebten Schwestern Nadja und Sabine schicken mir Kraft. „Wir sind in Gedanken bei dir. Bloß gut, dass du gerade einen neuen Beruf erlernst." Mittlerweile lese ich von meinen Künstlerkollegen panische Postings auf allen Kanälen, der Grundton: „Es hat keinen Sinn, mit uns weiterhin im Frieden zu sein, während unser Haus brennt!"

14. März 2020. Die intensive Probenphase für unser Filmprojekt, selbstverständlich mit Atemschutzmasken, beginnt. Im Zentrum unserer Geschichte „Das blaue Flüstern" steht der europaweit agierende Konzern AQUARIUZ, der seinen Hauptsitz in Deutschland hat. Der Konzern erwirtschaftet einen immensen Profit durch Wasserprivatisierungen. Es gibt AQUARIUZ-Schulen, -Universitäten, -Fernsehsender und wohltätige -Stiftungen, die sich unter anderem für Klimaflüchtlinge einsetzen.

Unsere Protagonistin Sarah Modjovich, eine junge, ehrgeizige Studentin der AQUARIUZ-Universität, befindet sich auf einer Exkursion in Almería (Südspanien). Der Konzern vermutet dort eine Quelle unter dem Wüstenboden. Die Studenten dokumentieren die Probebohrungen.

Während der Bohrungen kommt es zu einem folgenschweren Zwischenfall: Sarah wird von einer Gruppe Anarchisten als Geisel genommen, die sich so gegen die Privatisierung der Wasserquelle zur Wehr setzen wollen. Die Geschichte geht gewaltfrei aus und meine Schüler lernen viel über das Thema Wasser und Grundrechte.

Ich bin sehr froh über die Motivation der Schüler, merke aber auch, dass der Text, den sie zu bewältigen haben, viel zu umfangreich geworden ist. Wir werden kürzen müssen.

15. März 2020. Bund und Länder einigen sich auf strenge Ausgangs- und Kontaktbeschränkungen für unser Land. Millionen deutsche Bürger können nicht mehr arbeiten oder arbeiten im Homeoffice.

Bei mir läuft ebenfalls fast alles im Homeoffice. Die Selbsthilfegruppe vom Lietzensee hat einen eigenen Onlineraum, ebenso meine Schauspielschule und in zwei Wochen auch die Proben für das Theater im Rathaus Essen – alles findet online statt. Digitale Anbieter wie Skype, Teams, Zoom und ähnliches gehen in eine starke Konkurrenz zueinander.

19. März 2020. Mit über 140.000 sind in den USA mehr Infektionen bekannt, als in jedem anderen Land der Welt offiziell erfasst wurden. Allein in New York City gibt es mehr Infizierte als in Deutschland insgesamt.

Meiner Schwester Sabine erzählt, dass in New York City Land unter ist. Weiter draußen entlang des Hudson River ist die Lage stabil. Viele amerikanische Künstler gehen mit ihren Kulturprogrammen online. Ich recherchiere und finde ein sehr praktisches Portal in Berlin (creativcity-berlin). Innerhalb weniger Minuten erstelle ich dort eine Veranstaltung auf Zoom, die ich dreimal die Woche morgens um 10 Uhr wiederholen werde. Sie heißt „morgens mit markus".

30. März 2020. Unsere Theaterverträge für die nächsten Inszenierungen gelten nicht mehr. Das Stück „Ungeheuer heiß" ist verschoben auf unbestimmt. Juristisch ist das durch die pandemische Lage geregelt, aber unser Theaterleiter René bietet uns verschiedene Ausweichtermine an, der gute Robbie! Um 10 Uhr treffen wir uns alle online zum Probenbeginn. Ich spüre die Verzweiflung der Kollegen, die Wut über die Absage beziehungsweise Verschiebung. Wir können uns das noch nicht vorstellen, wie das mit unserem Beruf weitergehen soll. Alles, was wir heute auf der Probe besprechen, ist wie Wind, der verfliegt, und einige von uns denken, das ist das Ende von künstlerischer Selbstständigkeit.

Der April ist da. Wir machen von unserem Filmprojekt „Das blaue Flüstern" eine verdiente Osterpause. Vorher horche ich noch einmal bei dem Recruiter mit dem wackelnden Zopf nach. Alles ist auf Stand-by.

„Der Regen klimpert mit einem Finger die grüne Ostermelodie. Das Jahr wird älter und täglich jünger. O Widerspruch voll Harmonie."

(Erich Kästner) Ich stelle fest, dass ich die Fastenzeit verpasst habe. Der Beginn wäre am 26. März gewesen. Ich versuche jetzt, etwas davon nachzuholen, weniger Internet, weniger soziale Medien, weniger essen. Fünf Minuten später beschließe ich, das nächstes Jahr zu machen, wenn Corona vorbei ist. Lachst Du gerade? Das war Deine Idee mit den vielen neuen digitalen Angeboten – und wer zuerst kommt, mahlt zuerst, oder?

01. April 2020. Die bundesweit geltenden Kontaktbeschränkungen werden bis zum 19. April verlängert.

Ich gehe zum ersten Mal mit meinem Morgengruß für meine Fangemeinde an den Start. Gestern Abend konnte ich die Ankündigung noch auf den sozialen Netzwerken verlinken. Prompt sind heute Morgen fünf Gäste da. Ich beantworte Fragen und lese meine Lieblingstexte von Wilhelm Busch:

> *Die Selbstkritik hat viel für sich.*
> *Gesetzt den Fall, ich tadle mich,*
> *So hab' ich erstens den Gewinn,*
> *Dass ich so hübsch bescheiden bin;*
>
> *Zum zweiten denken sich die Leut,*
> *Der Mann ist lauter Redlichkeit;*
> *Auch schnapp' ich drittens diesen Bissen*
> *Vorweg den andern Kritiküssen;*
>
> *Und viertens hoff' ich außerdem*
> *Auf Widerspruch, der mir genehm.*
> *So kommt es denn zuletzt heraus,*
> *Dass ich ein ganz famoses Haus.*

Wilhelm Busch (1832–1908), deutscher Zeichner, Maler und Schriftsteller

09. April 2020. Die EU-Finanzminister einigen sich auf Hilfen in der Covid-19-Krise von einer halben Billion Euro.

Die Kurse an meiner eigenen Schauspielschule, der Goldoni und der Stage-Factory werden bis auf Weiteres gestrichen. Einiges wird online weiterlaufen, aber nicht alles.

Meine Nachbarn veranstalten eine Lesung. Wir gehen als Familie dahin, keiner hustet. Aber es ist ein merkwürdiges Gefühl. Ein fremder Mann erklärt mir, dass Corona eine ganz normale Grippe ist. Ich bin verunsichert.

10. April 2020. Infolge einer Infektion mit dem Coronavirus sind weltweit mehr als 100.000 Menschen gestorben.

Karfreitag. In unserer Gemeinde am Lietzensee ist auch für mich Gottesdienst, in Gedanken. Die neue Pfarrerin Caterina Freudenberg hält eine prophetische Predigt: „Steh auf! Du kannst es! Glaub daran! Gib nicht auf!" Sie schreibt über sich selber: „Nach bisherigen Einsätzen komme ich gern in eine neue Gemeinde. Erfahrung und viel Freude an der Gemeindearbeit und in der Seelsorge bringe ich Ihnen mit, Tatkraft, biblisch-theologisches Nachdenken, Einfallsreichtum und Humor – wie Ihnen mein Name schon sagt – und nicht zuletzt Liebe und Sprachlust zu Liturgie und Verkündigung zum Gottesdienstfeiern mit Kleinen und Großen." Und jetzt ist Coronapause ... aber nicht für Dich, denn Du bist für uns am Kreuz gestorben. Die Gemeinde ist trotz Gottesdiensteinschränkungen immer erreichbar. Ich bin kein regelmäßiger Kirchgänger, aber die letzten Jahre war ich oft in der Lietzensee-Kirche und habe dort viele gläubige Christen getroffen, die einander zur Seite stehen.

20. April 2020. In Deutschland treten die ersten Lockerungen der Coronaschutzmaßnahmen in Kraft. Angela Merkel warnt zugleich vor zu schnellen und zu weitreichenden Lockerungen.

Ich bleibe erst einmal online mit meinen künstlerischen Aktivitäten. Eine Internetplattform für Fans von prominenten Künstlern schreibt mich an. Wenn ich mich bei ihnen registriere, könnte ich mit lustigen Geburtstagsgrüßen oder anderen lustigen Videobotschaften Geld verdienen. Ich schreibe mich ein und bekomme am Abend einen ersten

Auftrag: Ein Hockeyklub will seinem Cheftrainer durch mich Grüße zur Hochzeit senden. Ich soll doch bitte einen Witz beisteuern.

Drei ältere Damen streiten sich, wer den besten Sohn hat. Meint die erste: „Ich habe den besten Sohn. Der ist ein fantastischer Zahnarzt, arbeitet wie verrückt, aber jeden Schabbes ist er bei mir." Sagt die zweite: „Ist noch gar nichts. Mein Sohn ist Geschäftsmann, hat wahnsinnig viel zu tun, verdient, was er will, aber einmal die Woche geht er mit mir einkaufen." Darauf die dritte: „Ist noch gar nichts. Meiner ist Anwalt auf der Fifth Avenue, verdient, was er will, kann sich den besten Analytiker leisten, zahlt viermal in der Woche 400 Dollar und spricht dort nur über mich."

Nein, ich weiß nicht, das ist nichts für Sportler. Halt, jetzt habe ich einen:

Wann wurde eine Hockeymannschaft zum ersten Mal schriftlich erwähnt? – Im Alten Testament! Da heißt es: „Sie trugen seltsame Gewänder und irrten planlos umher."

Ich habe heute 45 Euro in drei Minuten mit Spaß verdient. Der Hockeyklub war begeistert und hat mich weiterempfohlen.

27. April 2020. In allen deutschen Bundesländern gilt inzwischen eine Mundschutzpflicht, meist für Einkäufe sowie in Bus und Bahn.

29. April 2020. In Deutschland beginnen die Pharmaunternehmen BioNTech und Pfizer damit, einen Coronaimpfstoff an Menschen zu testen.

Schon wieder Geburtstag. Mein frecher Kollege aus Düsseldorf ruft an. „Schade, wieder ein Jahr weniger Zeit, die dir bleibt für Sex und Rock ‚n' Roll!" Nach fünf Minuten glüht mein Telefonhörer und ich erfahre, dass in einem Jahr der Impfzwang kommen wird und die Menschheit einmal komplett durchgezählt werden soll – und diejenigen, die nicht geimpft werden, die müssen dann ... Mein Kopf beginnt zu schmerzen, ich wimmle ihn ab. „Du, meine Mama hat einen Kuchen für mich gebacken. Ich bin schon zu spät. Danke für deinen Anruf und die Glückwünsche!" Heute wird mein Videoblog volljährig. Zum 18. Mal empfange ich eine überschaubare Anzahl Menschen, die eine halbe Stunde zuhören, was ich erzähle, vorlese und rezitiere. Und wie immer zum Ende von „morgens mit markus" ein Busch:

> *Wenn alles sitzen bliebe,*
> *Was wir in Hass und Liebe*
> *So voneinander schwatzen;*
> *Wenn Lügen Haare wären,*
> *Wir wären rau wie Bären*
> *Und hätten keine Glatzen.*

Mist, mein Kalender piepst, das hätte ich fast vergessen: Mama hat wirklich einen Kuchen gebacken. Und sie wartet seit einer halben Stunde auf mich. Ich düse los. Schwindeln zahlt sich nicht aus.

30. April 2020. Bund und Länder einigen sich auf weitere Lockerungen der Coronamaßnahmen. Im Zentrum steht die Öffnung von Spielplätzen, Museen, Zoos und Gotteshäusern.

02. Mai 2020. In Mitteldeutschland demonstrieren erstmals Hunderte Menschen an mehreren Orten gleichzeitig gegen Beschränkungen und Regelungen zur Eindämmung des Virus. Berlin erlebt heftige Krawalle.

Wir proben wieder nur online für unser Filmprojekt „Das blaue Flüstern". Das ist mühselig.

Die Onlinetheaterproben für die Komödie „Ungeheuer heiß" laufen parallel. Wir kommen gut voran, verlieren aber einen Darsteller, der sich schwertut. Wir alle spüren diesen Druck, nicht zu wissen, was aus dem Stück wird und wann wir uns endlich live sehen können, um zu beurteilen, ob das Stück und meine Regie funktionieren.

04. Mai 2020. In vielen Bundesländern gibt es weitere Lockerungen. Bis zu fünf Personen dürfen nun zusammen draußen sein, auch wenn sie nicht zum selben Haushalt gehören. Vielerorts dürfen Museen, Bibliotheken und Zoos wieder öffnen, teils auch Spiel- und Sportplätze.

05. Mai 2020. Tests von älteren Covid-Proben ergeben, dass sich das neue Coronavirus möglicherweise schon im Dezember in Europa ausgebreitet hat.

Ob mein frecher Kollege aus Düsseldorf doch die richtigen Informationen von seiner Schwimmlehrer-Community bekommen hat?

Ein Anruf von meiner Alarmanlagenfirma. Oscar ist dran. Er sagt, er freue sich auf mich, gesetzt den Fall, dass ich noch dabei bin. „Und, Markus, bitte nicht zu oft ‚Hollywood' zu mir sagen!" Morgen beginnt endlich die Alarmanlagenschulung.

Kurz darauf eine Mail vom Alarmanlagenfirma-Recruiter mit dem lustigen Zopf: „Die Schulung findet online statt. Bitte komme nicht ins Büro." Seltsame Zeiten, seltsame Sitten.

In der Nacht träume ich von der neuen beruflichen Herausforderung. Während die Sonne durch die Büroräume der Alarmanlagenfirma wandert, krabble ich am Boden und schimpfe leise vor mich hin: „Das ist schäbig. Wie das hier aussieht. Der Boden ist nicht gewischt!" An einer Tür steht „Verkaufsschulung". Das Schild hängt schief. Ich ruckle daran, bis es mir ins Gesicht fällt. Ich krabble weiter, versuche zu lächeln, jetzt krabble ich lächelnd! „Das ist richtig, was du hier machst." Ich kann wohl das Gegenteil nicht ausschließen und schreie plötzlich: „Geh nicht rein. Du brauchst Ruhe und keinen neuen Beruf!" Wie ein ungehorsames Kind liege ich jetzt am Boden und trommle auf das Linoleum.

Ich werde wach, höre, wie der Postbote an der Tür klopft und ruft: „Ich leg das Päckchen auf die Treppe. Ich weiß, dass Sie da sind und Ihre Ruhe haben wollen." Als ich öffne, ist er verschwunden. Ich dehne und stecke mich, aber erst als ich den Espresso an meinen Lippen schmecke, gelangt Licht in meinen Körper. Das dunkle Getränk tut gut. Seine heiße Krone ist so hell und cremebeladen, dass es mir für eine halbe Ewigkeit reichen könnte.

Ich habe einen Arbeitsvertrag in der Alarmanlagenfirma unterzeichnet, also ziehe ich das jetzt durch. Ich möchte Alarmanlagen- und Sicherheitsexperte werden, definitiv.

Ich danke Dir, dass ich wach bin. Gleich bin ich unter der Dusche, begrüße die Kälte, die meinen Körper erschreckt, und dehne mich ein zweites Mal weit in den Himmel. Ich ziehe das heute durch! Und ich bleibe sitzen, bis zum Schluss! Als ich das Paket auspacke, erinnere ich mich: Ich habe ein neues Mikrofon bestellt. Ja, das ist ein Mikrofon, nur nicht das, was ich bestellt habe, und neu sieht es auch nicht aus. Ich bin trotzdem glücklich.

Meine eigentlichen Beschäftigungen, die täglichen Theaterproben vorzubereiten und dann online durchziehen, halten mich auf Trab. Jetzt muss ich das nur noch mit der Onlineausbildung kombinieren. Zweimal die Woche proben reicht uns für unsere Komödie. Alle helfen mit, dass ich mich als Regisseur gut zurechtfinde, um wiederum dem Ensemble zu helfen, zurechtzukommen. Wir wissen noch nicht einmal, wann und ob das Stück überhaupt rauskommt. Ich habe einen neuen Kollegen gefunden, der sich schnell einarbeitet. Das Ensemble ist wieder komplett.

Gerade kommt eine SMS von meinem frechen Kollegen aus Düsseldorf. „Markus, ich habe gehört, du hast die Regie bei eurem neuen Stück übernommen. Ich komme euch auf jeden Fall besuchen. Brauchst du Hilfe?"

06. Mai 2020. Pünktlich um 10 Uhr treffen wir unseren Alarmanlagentrainer auf dem Onlineportal Teams. Die faszinierenden Backgroundinformationen, die ich während der Schulung in mich aufnehme, sind für mich komplett neu. Auswendig lernen oder verstehen? Ich verinnerliche lieber die digitale Welt der Alarmsicherung. Aber verstehe ich den Lernstoff? Kann ich wirklich verstehen, was das bedeutet? „Die Firma ist schon seit 30 Jahren am Markt. Das System zeichnet sich durch das Bemühen aus, den Kunden so viel Sicherheit wie möglich zu bieten. Wir wollen bereits im Vorfeld verhindern, dass ein Einbruch geschieht. Wir nennen das die Verifizierung eines Einbruchsversuches. Unser Spezialgebiet ist also die Früherkennung, zum Beispiel durch gezielt eingesetzte Schocksensoren an Fenstern und Türen und unsere Fotodetektoren, die uns dabei helfen, die Einbrecher zu erkennen und abzuschrecken. Dafür platzieren wir die Fotodetektoren gegenüber von sensiblen Stellen, wie zum Beispiel Terrassentüren, im Eingangsbereich und dort, wo sich unsere Zentraleinheit befindet."

Entscheidend ist, dass alles, was ich über Datenschutz lerne, Strom, Alarmsicherung und Aufschaltung bei Polizei und Wachschutz, mir Hoffnung gibt, dass auch ich in einer gesicherten Umgebung ohne Angst leben kann.

13. Mai 2020. Die Bundesregierung beschließt, die systematischen Kontrollen an den deutschen Außengrenzen schrittweise aufzuheben.

14. Mai 2020. Wissenschaftler des Universitätsklinikums Hamburg-Eppendorf melden, dass das Virus außer der Lunge auch andere Organe befällt, insbesondere die Niere, aber auch Herz, Leber und Gehirn.

Die Onlineschulung geht weiter. Wir sind teilweise nur zu dritt, weil einige abgesprungen oder krank sind. Viel Holz ist zu bewältigen, aber ich mache weiter. Heute wird unsere Alarm-App für die Bedienung der Alarmanlage erklärt.

22. Mai 2020. Erste Tests mit neuen Impfstoffen werden erfolgreich am Menschen getestet.

Eine Studie besagt, dass die SARS-CoV-2-Viren anders als andere Coronaviren „erstaunlich gut an menschliche Zellrezeptoren ankoppeln und in menschliche Zellen eindringen" können. Dafür benötige das Virus spezielle Eigenschaften, die bisher bei Coronaviren nicht bekannt waren. Dies weise auf einen „nicht-natürlichen Ursprung des SARS-CoV-2-Erregers hin".

25. Mai 2020. Die Bundesregierung rettet die Lufthansa mit einem großzügigen Hilfspaket in Milliardenhöhe vor der drohenden Pleite.

Heute ist Extratraining für selbstständiges Ausfüllen von Kaufverträgen, immer noch alles online.

Der Endspurt zu unserem Filmprojekt „Das blaue Flüstern" beginnt. Wir proben beinahe jeden Tag. Kostüme werden zusammengesucht, ein Filmteam wird zusammengestellt. Konzentration auf den Text, Kinder!

02. Juni 2020. Das Pfingstwochenende nutzen viele Menschen für Ausflüge. An der Ostsee müssen einige Orte abgesperrt werden, damit die Abstandsregeln noch eingehalten werden können.

Ich lese die Zeitung bei Espresso und Croissant und analog, also einmal nicht auf dem Tablet – und erfahre, dass eine Forschungsgruppe in der kleinen Stadt in Asien viele Jahre lang an Coronaviren geforscht habe. Die Wissenschaftler hätten demnach Viren gentechnisch manipuliert, um sie für Menschen „ansteckender, gefährlicher und tödlicher" zu machen. Dazu gebe es „erhebliche Sicherheitsmängel" in dem Institut. Die WHO hält die Laborthese allerdings weiterhin für sehr unwahrscheinlich.

10.–15. Juni 2020. Die Dreharbeiten für unser Majolo-Stage-Projekt finden in Berlin statt. Ich komme an meine Grenzen. Die Schüler sind allesamt großartig, wenn auch nicht textsicher. Mir sagt aber eine Assistenz für Kostüme und Requisiten ab. So muss ich beinahe alles allein stemmen. Wir geben unser Bestes, aber ich glaube, ich habe bei der Führung meiner Schüler versagt. Ich werde das erst beurteilen können, wenn ich den Film „Das blaue Flüstern" schneide.

16. Juni 2020. Die Corona-Warn-App zur besseren Nachverfolgung von Infektionsketten startet in Deutschland.

Oscar ruft an. „Bleibt es dabei, Markus?" Mein Herz hüpft. „Klar! Wann geht es los?" Oscar hustet angenehm. „Nächste Woche und diesmal hundertpro!" Ich bin erleichtert, denn mein Finanzplan steht und fällt mit meiner neuen Arbeit – und die muss ich langsam beginnen.

26. Juni 2020. Reisende aus Landkreisen mit hohen Infektionszahlen dürfen nur in Hotels untergebracht werden, wenn ihnen ein ärztliches Zeugnis bestätigt, dass sie keine Infektion haben.

Das Livetraining in meinem neuen Beruf beginnt. Warum ist eine Alarmanlage für meine Kunden sinnvoll? Endlich geht es ums Verkaufen und darum, wie ich die Informationen locker und wirkungsvoll rüberbringe. Ich trete ein in einen neuen Lebensabschnitt, mache die

Schulung und konzentriere mich auf staubtrockenen Stoff, wie zuletzt beim Abitur. Ich sitze in diesem langen, lichtdurchfluteten Raum, genau auf der Ecke, während der Trainer Andreas, guter Mann, vorn am Flipchart steht und auf mich sehr locker wirkt. Die letzten Tage im Juni sind nun restlos gefüllt!

Das Training findet in der Nähe vom Borsigturm statt, wo Champ bei einem bekannten Coachinginstitut arbeitet. Wenn ich morgens da ankomme, sitzt sie schon am Schreibtisch mit Blick auf unsere Firmeneinfahrt. Ich schaue dann zu ihr hoch und weiß, da ist meine Champ und hilft anderen Menschen, wieder zurück ins Berufsleben zu kommen. Ihr Job ist es, langzeitarbeitslosen Menschen, die sich umschulen lassen wollen, und Flüchtlingen, die erst einmal die deutsche Sprache lernen wollen, Orientierungshilfe zu geben. Im besten Fall bewerben sich diese Menschen aktiv um Arbeit und Champ hilft Ihnen nur noch dabei.

Jeden Tag habe ich Berge von Papier vor mir liegen. Der Trainer erzählt und erzählt – und ich habe viel zu viel mitgeschrieben. Ich bin wahnsinnig neidisch auf den einen Kollegen, der überhaupt nicht mitschreibt, und habe das Gefühl, er träumt die ganze Zeit, aber dann gibt er immer die richtigen Antworten. Ich nicht. Ich muss immer sehr konzentriert nachdenken. Die Prüfung schaffe ich nicht, wenn sich nicht etwas ändert.

02. Juli 2020. Der Bundestag beschließt einen weiteren Nachtragshaushalt. Die Regierung darf damit fast 218 Milliarden Euro neue Schulden aufnehmen.

Heute gebe ich ein Telefoninterview für eine Berliner Zeitung zu unseren Onlinetheaterproben während Corona.

Zwei Tage frei. Ich schlafe viel und bin an der frischen Luft mit den Hunden. Champ und Silvester können kaum nachvollziehen, wie ich die vielen Projekte unter einen Hut bekomme. Abends spielen wir Karten und ich denke nicht eine Minute an Alarmanlagen. Aber sekundenweise schon! Dann klappt es mit meiner Abschlussprüfung, denn mein Kopf ist frei und erholt. Nur wenige Punkte fehlen zu 100 Prozent. Das ist besser, als ich gehofft hatte!

Die digitale Nachbereitung der Prüfung mündet direkt in eine aktive Verkaufsschulung auf den Straßen Berlins. Das Smartphone, das ich bekomme, ist alt und es müssen nach und nach alle Sachen freigeschaltet werden.

Ab jetzt heißt es ackern. Jeden Tag raus, jeden Tag unterwegs, in die Läden rein, wieder raus, den größtmöglichen Widerstand aushalten – und falls sich eine Verkaufschance ergibt, alles anwenden, was ich gelernt habe. Ruhig bleiben und zum Abschluss kommen.

07. Juli 2020. Die Welthungerhilfe warnt vor einer Milliarde hungernder Menschen weltweit. Die USA treten derweil offiziell aus der WHO aus.

Es ist kalt und regnerisch in Berlin. Ich kann meine Angst vor dem Widerstand, der mir manchmal begegnet und mir wehtut, kaum verbergen. Sätze fallen wie „Ex-Schauspieler und jetzt so etwas!" Die Straße ist für Wochen mein Arbeitsfeld, Bäume und Blumen sind für mich unsichtbar. Ich nehme die Geschäfte, wie sie kommen, und öffne verschlossene Türen mit freundlicher Zurückhaltung. Doch mein Fuß zögert, wenn ein Augenpaar wütend aufblitzt. Manche Leute scheinen meinen roten Anorak nicht zu mögen. „Die schon wieder von dieser Alarmfirma!" Ich weiche der Wut aus, gehe zur nächsten Tür und beim Eintreten öffnet sich ein anderer Weg, einer mit Freundlichkeit. „Guten Tag, wie geht es Ihnen? Ich bin der Markus ..." Irgendwann zeige ich offen, wie es mir geht, und interessiere mich ebenso offen für die Kunden und ihr Geschäft. Das baut Hemmungen auf beiden Seiten ab. Wenn jemand etwas Kritisches anmerkt zu meinem Künstlerberuf, antworte ich humorvoll. Und auch wenn die Straßen voll und die Gesichter verschlossen sind, nehme ich das nicht persönlich. Ich bin mittendrin und leichtfüßig wie ein jagendes Frettchen.

14. Juli 2020. Mein erstes Verkaufs-Booking außerhalb von Berlin. Das heißt, dass die Verkaufsmöglichkeit über eine Marketingkampagne generiert wird, meistens in den sozialen Medien. Interessierte Kunden rufen in der Zentrale an und bekommen einen Termin für eine kostenlose Beratung. Heute werde ich zu einem solchen Termin geschickt.

Mein Trainer kommt mit. Mir flattern die Nerven! Aber alles läuft reibungslos: Wie im Training gelernt platziere ich meine Informationen. Die Kunden erkennen mich sofort und fragen nach den Gründen für den neuen Beruf. Ich bin nicht auf den Mund gefallen und berichte die Kurzfassung dieses Buches. Scherz, ich sage das, was mir gerade einfällt, kurz und knapp.

15. Juli 2020. Nach illegalen Feiern ohne Mundschutz und Sicherheitsabstand werden auf Mallorca mehrere Partymeilen am berühmten Ballermann geschlossen.

Der Kunde von gestern sagt zu und kauft mir die Alarmanlage ab. Ich werde dem Coach Udo zugeteilt und bin jetzt sein Newbie!

17. Juli 2020. Ich darf mit zur Installation des ersten Verkaufs und werde gegen Mittag zurück in die Firma gerufen. Wollen die mich schon rausschmeißen? Nein, ich bekomme meinen Betriebswagen. Yeah! Zurück zur Installation und meinem Coach Udo helfen.

22. Juli 2020. Mein zweiter Verkauf, ein Self Sale, also ohne Telefon-Booking aus der Zentrale. Diesmal sogar zwei Anlagen auf einen Streich.

27. Juli 2020. Die WHO bezeichnet die Coronavirus-Pandemie als den schwersten globalen Gesundheitsnotstand in ihrer Geschichte.

Beim Filmschnitt unseres Projekts „Das blaue Flüstern" muss ich vorerst kapitulieren, stelle aber eine Kurzfassung her, die meine Schüler gegen Ende des Jahres erhalten sollen.

28. Juli 2020. Forscher auf der ganzen Welt arbeiten zeitgleich an einem Impfstoff. Fünf Mittel werden laut WHO in Studien getestet, darunter der Impfstoff der deutschen Firma BioNTech.

01. August 2020. In Berlin demonstrieren 20.000 Menschen gegen die Politik der Bundesregierung in der Pandemie. Die Teilnehmer ignorieren dabei alle Hygieneauflagen.

Wir bekommen unser Go vom Theaterleiter René Heinersdorff. Am 12. August ist der Start für die Proben zu unserer Komödie „Ungeheuer heiß" in Düsseldorf. Premiere wird dann am 29. August sein. Wir haben bloß noch zwölf effektive Tage Endproben – ohne dass sich das Ensemble vorher ein einziges Mal live gesehen hätte. Ich bin platt und rufe den Branch Manager meiner Alarmanlagenfirma an. „Oscar, Hollywood!"

08. August 2020. Reisende, die aus Coronarisikogebieten zurückkehren, sind ab sofort verpflichtet, sich auf das Virus testen zu lassen.

Ich verkaufe seit Tagen Alarmanlagen wie warme Semmeln. Mein hervorragender Coach Udo, Oscar und Elisa im Sales Office helfen mir, bringen mir praktische Sachen bei und bereiten meinen Weg in eine Art Unabhängigkeit innerhalb der Firma vor. Ich darf meinen Dienstwagen mit nach Düsseldorf nehmen.

Du bist einfach großartig. Wie machst Du das? Heute gehen zwei Alarmanlagen über den Tisch. Ein Freund kauft bei mir für seine Firma: der Mäzen und Philanthrop Andreas Boehlke, Schöpfer der Illuminationen von Berlin, Ku'damm, Brandenburger Tor, Weihnachtsmärkte – alles seine Lichtgestalten. Ich surfe auf einer guten Welle.

12. August 2020. Anreise in Düsseldorf für die Endproben. Utzy ist natürlich an meiner Seite – und das Ensemble schließt ihn sofort ins Herz. Meine Schauspieler Kerstin Fernström, Franziska Traub, Marie-Theres Relin, Sebastian Waldemer und David Daria sind einfach großartig. Die Arbeit ist hart und effektiv trotz der widrigen Umstände. Alles ist mit heißer Nadel gestrickt, doch das macht uns besonders gut und authentisch. Ich darf auch mal auf den Tisch hauen – und leider auch für einen Tag in die Notaufnahme, denn meine geliebten Wespen sind wieder da. Ein Stich in den Nacken und schon droht unser Traum zu platzen. Ich bin weg, im Niemandsland. Keine Ahnung, wie ich wieder auf die Beine komme. Ich weiß, dass ich zu Dir bete und mit Dir Dialoge führe, bis ich nach 24 Stunden wieder da bin.

17. August 2020. In Brasilien breitet sich das Coronavirus unter den Ureinwohnern aus. Die Sterberate ist höher als in der Gesamtbevölkerung, in der es schon mehr als 3,3 Millionen Infektionen gab.

20. August 2020. Laut Robert Koch-Institut steckten sich fast 40 Prozent der positiv getesteten Menschen im Ausland an. Angela Merkel hält weitere Lockerungen für ausgeschlossen.

29. August 2020. Erfolgreiche Premiere in Düsseldorf. Doch noch geschafft. Wir können noch besser werden, aber ich bin stolz auf mein Ensemble. Das Publikum liebt unseren frischen Humor und ist froh, endlich wieder in einem Theater lachen zu können. Das neue Belüftungssystem von René Heinersdorff ist so gut, dass ihm bescheinigt wird, die Luft sei im Bühnenraum besser als bei den Menschen zu Hause.

Aber, große Säle, wenig Plätze: Lohnt sich das ganze Theater? Ein Fünftel ihrer Plätze dürfen Theater in Deutschland derzeit nur besetzen und an Pausen in den Vorstellungen ist nicht zu denken. Das verlangen die Abstandsregeln für das Publikum. Auch unsere Proben fanden selbstverständlich mit Abstand statt. Für die Theater sind das immense Herausforderungen. Wir spielen jetzt jeden Abend bis Ende September, teilweise Doppelvorstellungen, und es heißt in der Presse: „Erster erfolgreicher Theaterstart in Düsseldorf nach dem Lockdown. Bravo!"

01. September 2020. In den USA übersteigt die Zahl der Coronavirus-Infektionen die Sechs-Millionen-Marke.

15. September 2020. Die Länder einigen sich darauf, Zuschauer bei allen Bundesligaspielen zu erlauben. Bundesweit dürfen bei Veranstaltungen mit mehr als 1.000 Zuschauern 20 Prozent der Plätze besetzt werden.

18. September 2020. In Nordrhein-Westfalen ist der traditionelle Straßen- und Kneipenkarneval für dieses Jahr abgesagt.

Ich verkaufe hier in Düsseldorf weiter, laufe tagsüber durch die Stadt und knüpfe neue Kontakte. Die meisten Anlagen verkaufe ich allerdings für Berlin. Das kann ich, am Telefon Verbindungen aufbauen und zum Abschluss bringen. Meine Füße tun weh und ich esse viel.

Wenn ich arbeiten gehe, muss ich aufpassen, dass ich die richtigen Schuhe anhabe, denn ich liebe meine Einlagen gegen die Plattfüße. Mittlerweile wähle ich Tage, an denen ich die Einlagen drin und an einem anderen Tag draußen habe. Gern zieh ich einfach mal meine Fellstiefel an und laufe darin barfuß. Das ist wichtig mit den Einlagen, weil ich sehr schwer bin. Die Einlagen helfen mir bei der Stabilität.

Ich kann nicht aufhören zu essen, vor allen Dingen jetzt, in der Coronazeit. Sogar meine Begeisterung für Ernährungsumstellungs-Beratungs-Abnehm-Apps wird von meinem Appetit komplett in den Schatten gestellt.

26. September 2020. Nach dem Start des neuen Schuljahres befinden sich derzeit in Deutschland rund 50.000 Schülerinnen und Schüler in Quarantäne.

01. Oktober 2020. Die Europäische Arzneimittelagentur EMA beginnt mit der Prüfung eines Impfstoffs in Europa auf Wirksamkeit und Verträglichkeit. In Deutschland startet eine Antikörperstudie.

Wir gehen mit unserem Stück aus Düsseldorf auf Tournee. Das ist Stress pur und lustig zugleich. Mittlerweile sind beide Hunde bei mir. Ich fahre alle Strecken selber mit dem Auto, meinem Dienstwagen, der den Namen Mister Otis nach dem Song „Miss Otis Regrets" trägt.

Miss Otis Regrets (Cole Porter)

Miss Otis bedauert sehr, heut nicht beim Lunch zu sein, Madam!
Gestern Abend ist es passiert:
Sie hat sich auf dem Pfad der Liebe verirrt, Madam.
Miss Otis bedauert sehr, heut nicht beim Lunch zu sein.

Doch am Morgen ist ihr Liebster auf und davon, Madam.
Sie läuft zu ihm, der ihr das angetan,
und ein Schuss hallt durch das Haus,

da haucht ihr Geliebter auch schon sein Leben aus, Madam.
Miss Otis bedauert sehr, heut nicht beim Lunch zu sein.

Und ein wütender Mob zerrt sie aus dem Gefängnis, Madam.
Und erhängt sie an einem Weidenast,
doch bevor sie die Augen schließt, sieht man,
wie eine leise Träne daraus fließt, Madam,
Miss Otis bedauert sehr, heut nicht beim Lunch zu sein.

Früher musste ein Ehemann, um seine Frau in flagranti zu erwischen, zum richtigen Zeitpunkt am falschen Ort sein. Heutzutage reicht es, wenn er einen Fotodetektor im Haus aufhängt, ohne dass die Frau davon weiß. Was wiederum unrealistisch ist. Denn wenn ich eine Alarmanlage verkaufe, dann weiß die Ehefrau alles darüber. In der Regel hängt sie gern einmal ein seidenes Taschentuch über einen Fotodetektor. Oder aber sie stellt das Gerät in der Security-App einfach aus. Was dann aber ihr Mann mitbekommt. Ich rate immer zu liebevoller Abstimmung in einer Alarmanlagenlebensgemeinschaft, also zum Finetuning – oder zu Mini-Spionagekameras. So etwas verkaufe ich aber nicht.

Ich bin jetzt plötzlich ein guter Geschäftsmann und kann handwerken. Jeden Tag lerne ich etwas dazu. Manchmal möchte ich nicht lernen, weil ich denke, ich kann schon alles. Ich bin aber kein typischer Wassermann, vom Horoskop her, sondern ein Stier. Übrigens im Deszendenten Steinbock. Also auf jeden Fall Doppelhorn. Was so einiges in der Vergangenheit erklären würde.

16. Oktober 2020. Einer Studie zufolge sind Kindertagesstätten keine Infektionsherde und Kinder keine Infektionstreiber.

Unfall! Mir fährt jemand drauf, also dem Mister Otis. Ein rückwärtsfahrender, riesiger Jeep hat sich auf seine Kühlerhaube geschoben. Wir waren „not amused" und bedauerten es sehr, zu spät in die Maske vor der Abendvorstellung zu kommen.

Mein lieber Dienstwagen, ich wollte mich einmal bei dir bedanken. Du kutschierst mich durch ganz Deutschland. Beim Unfall hast du

Humor bewiesen und deine große Motorhaube einfach zugeklemmt. Ich habe sie nicht mehr ohne fremde Hilfe aufbekommen und hatte so die Gelegenheit, dich noch besser kennenzulernen. Du bist stark und ich kann über deine Hartnäckigkeit lachen. Die kenne ich von mir selber. Die riesige Delle auf deiner Schnauze hat alle überwältigt, ganz besonders mich, denn sie ist ein Symbol für den Schutz, den du mir gewährt hast.

26. Oktober 2020. Die Stadt Nürnberg kündigt an, den Christkindlmarkt in diesem Jahr nicht auszutragen.

Meine Verkaufszahlen sind unterirdisch, aber ich lasse locker. Erzwingen lässt sich der Erfolg im Vertrieb nicht, schon gar nicht, wenn man in einem anderen Beruf durch Deutschland tourt.

28. Oktober 2020. Bund und Länder beschließen einen „Teil-Lockdown". Ab dem 2. November werden soziale Kontakte auf zwei Haushalte begrenzt. Schulen, Handel und Wirtschaft können dagegen am Laufen gehalten werden.

Ich mag das manchmal, dem nächsten Verkauf hinterherzujagen. Schöner ist allerdings, wenn die Kunden zu mir kommen. Wenn sie wissen, ich habe da etwas Tolles anzubieten, und mich gezielt fragen.

Wenn ich Privatdetektiv wäre, wäre ich mein eigener Boss und könnte auch einmal eine ruhige Kugel schieben. Und ich könnte ausprobieren, wie es wäre, Schurkinnen und Schurken zu jagen. Ich glaube, der Mensch ist das am schwierigsten zu jagende Tier auf diesem Planeten. Ich könnte das durchaus einmal ausprobieren. Gibt es schon eine Detektei Majowski?

Gerade erfahre ich, dass unsere Tournee jetzt unterbrochen wird. Vielleicht holen wir den Rest ein andermal nach. Schluck. Auf nach Berlin, die Familie wartet.

02. November 2020. Das öffentliche Leben in Deutschland wird in weiten Teilen heruntergefahren. Kultur- und Freizeiteinrichtungen sowie Restaurants und Hotels müssen zunächst bis Ende November schließen. Schulen, Handel und Wirtschaft werden dagegen am Laufen gehalten.

Apropos am Laufen halten: Champ und Silvester haben mich mal wieder inspiriert. „Papa, mach doch Werbung für deine Firma!" Ach! „Genau, mach mal, Markus! Du bist doch berühmt und die Idee finden die CEOs bestimmt klasse." Also unterbreite ich meiner Firma den Vorschlag, eine Videokampagne für das Marketing auszuarbeiten und umzusetzen. Die Mail ist raus. Sie denken jetzt darüber nach.

5. November 2020. Trotz verschärfter Kontaktbeschränkungen steigen die Coronazahlen in Europa weiterhin stark an.

Die Pandemie nervt. Wir sind nun seit über einem halben Jahr immer wieder auf engstem Raum als Familie zusammen und Du hast uns beschützt, keine größeren Konflikte, keine Streitigkeiten. Nur das blöde Badezimmer wird zum Zankapfel. Deswegen erstelle ich einen Terminplan für die Morgenstunden. Den kann ich bestimmt morgen in die Tonne treten.
   Ich bin froh, wenn ich mit meinem schnuckeligen Dienstwagen durch Berlin gurken kann. Einfach raus und mutig nach Kunden Ausschau halten.

Ich erhalte die Zusage für den Marketingvideo-Deal. Bloß gut, dass ich täglich mit Dir rede. Das mit der Detektei mache ich nebenbei, später, im Alter dann hauptberuflich. Fünf Videoszenen habe ich schon geschrieben!

6. November 2020. Die Bundesregierung stuft beinahe ganz Europa als Risikogebiet ein. Die Krankenhäuser in Deutschland bereiten ihre Notfallpläne für die Behandlung von Covid-19-Patienten vor.

Ich habe den Badezimmerplan in die Tonne getreten.

Für die Firma soll ich insgesamt fünf Werbeclips à 25 Sekunden zeitnah umsetzen, bislang gibt es nur einen Vorvertrag und die Bewilligung des

Budgets, aber auch das gilt unter Ehrenleuten. Nächste Woche treffe ich die CEOs.

Der Aufbau

Markus schaut in die Kamera, Sternschlüssel in der Hand, lächelt: **„Weihnachten steht vor der Tür!"** *Die Kundin schaut erwartungsvoll. Markus und zwei weitere Sicherheitsexperten (SE) sichern in Zeitraffer den Eingangsbereich.*

Markus nickt zuversichtlich. **„Und Action!"**
Sein Kollege klatscht in die Hände, dritter SE erschrickt: Der Flur ist wie von Zauberhand weihnachtlich geschmückt. Die Kundin lächelt selig.

Die drei Sicherheitsexperten winken ihr aus dem Garten zu. Die Kundin aktiviert die Alarmanlage und verlässt die Wohnung.
Die Weihnachtsdekoration leuchtet. Kirchenläuten.

Firmenlogo und Slogan.

10. November 2020. Die EU-Kommission einigt sich mit den Pharmaunternehmen BioNTech und Pfizer auf die Lieferung eines ersten Impfstoffs.

Als meine Verkaufszahlen im Oktober zum ersten Mal unter den Durchschnitt sanken, ärgerte sich mein Coach Udo und fing damit an, mich tagsüber zu kontrollieren. Als ihm klar wurde, dass ich seit vier Wochen mit der Komödie „Ungeheuer heiß" auf Deutschlandtournee war, was ich mit Oscar abgestimmt hatte, meinte er zu mir: „Ich versteh nicht, wie du es schaffst, überhaupt eine einzige Anlage zu verkaufen!" Das klappte nur, weil ich die Verkäufe gezielt an den Tagen generierte, an denen auf der Tournee eine Lücke war und ich mit dem Dienstwagen nach Berlin fahren konnte. Mein Kundennetzwerk pflegte ich während der ganzen Zeit auch über das Telefon und verteilte mir die Termine geschickt auf die kommenden Wochen und Monate.

Im November ziehen meine Verkäufe wieder an. Ich beschließe heute, Oscars Rat zu folgen und eine Installationsschulung in Berlin zu beginnen. Unsere Techniker, also Kollegen, die nur installieren und nicht verkaufen, sind rar, und so müssen die Teams entlastet werden, indem wir, die Sales-Experten, unsere Verkäufe größtenteils selber installieren und programmieren. Erst einmal geht es morgen nach Rheinland-Pfalz zur Firmenzentrale, um dort alles kennenzulernen und einen tieferen Einblick in die Struktur zu gewinnen. So eine Einladung gilt als Ritterschlag bei uns Vertrieblern.

11. November 2020. Nach Angaben des Deutschen Lehrerverbandes sind mehr als 300.000 Schüler wegen Corona in Quarantäne.

Unser jährliches Weihnachtsstück „Weihnachten auf dem Balkon" wird heute abgesagt. Du sagst mir: „Bleib in der Alarmanlagenfirma am Ball und mach das Beste aus der Situation! Und vor allem: Werde nicht übermütig, verkaufe Anlagen, lerne installieren und dann schau, was passiert."
  Mister Otis fährt mich einmal quer rüber in Richtung Rhein, mit Sondergenehmigung. Schließlich bin ich beruflich unterwegs. Die kleine Firmenführung durch die Zentrale ist etwas langweilig, aber dann treffe ich auf die Menschen. Wow! Die Frauen und Männer in der Notruf- und Leitstelle sind der Knaller. Hochkonzentriert, freundlich und blitzgescheit. Meine CEOs hören mir geduldig zu und der Deal ist in trockenen Tüchern. Schließlich lerne ich noch den Chefentwickler kennen und plausche mit ihm über alte Telekom-Zeiten und meinen damaligen Mentor in Bonn, Jürgen Kindervater. I love him!

12. November 2020. Der Installationslehrgang beginnt heute Nachmittag. Ich bin zurück vom Rhein, habe ein straffes Programm.
  Der theoretische Teil der Schulung und einige gezielte Probeinstallationen finden in den Büroräumen statt. Zwei Wochen lang liegt der Fokus nicht nur auf Lernen, Zuhören und Ausprobieren, sondern auch auf Geschwindigkeit und Flexibilitätstraining. Ich werde immer wieder eindringlich gebeten, mich besser zu konzentrieren. Für technische Vorgänge kann ich mich sehr begeistern, spüre aber, dass ich mit meinen polnischen Patschehändchen oft überfordert bin. Ich bin abgelenkt, weil ich über meine Ungeschicklichkeiten nachdenke. Alles ist so klein und zerbrechlich und da bleibt mir nichts anderes übrig, als mich den Größenverhältnissen anzupassen. Ich mache zu Hause gezielt Finger-

übungen zur Lockerung – und meine Hände werden endlich schlanker und beweglicher. Jetzt macht alles auch mehr Spaß und kleine Erfolge stellen sich ein.

13. November 2020. Die Bundesregierung vereinbart Hilfen für Soloselbstständige. Es soll eine Betriebskostenpauschale von bis zu 5.000 Euro geben, vor allem für die Kultur- und Veranstaltungsbranche.

18. November 2020. Bundestag und Bundesrat haben das neue Infektionsschutzgesetz beschlossen. Das neue dritte Bevölkerungsschutzgesetz beinhaltet konkrete Vorgaben für die von den Ländern verhängten Coronamaßnahmen.

Ich vereinbare mit der Firma, die geplante Videokampagne zu verschieben. Fast alle in der Zentrale sind im Homeoffice und es wäre zu gefährlich, das redaktionelle Team aus den eigenen Reihen in Gefahr zu bringen, da sie nach Berlin reisen müssten.

30. November 2020. Der US-Pharmakonzern Moderna beantragt als erstes Unternehmen die Zulassung für einen Coronaimpfstoff in der EU.

Ich habe tatsächlich heute wieder einmal Digital Detox in Betracht gezogen, weil mein Kopf dröhnt und ich kaum noch erkennen kann, was auf dem kleinen Display vom Diensthandy alles passiert. Digital Detox macht aber im Moment keinen Sinn, weil ich von dem Zeug beruflich abhängig bin.

Die Schulung geht zu Ende. Der praktische Teil findet im „Field" statt, gleichzeitig ziehen meine Verkäufe noch mehr an. Plötzlich muss ich innerhalb der nächsten Woche drei eigenständige Installationen durchführen, weil unsere Techniker mit der Gesamtmenge der Aufträge überfordert sind.

Ich ackere, was das Zeug hält, noch unter den Augen von Udo, der sich dezent zurückhält. Manchmal habe ich das Gefühl, ich gehe ihm mit meiner Vorsicht auf die Nerven. So geschwind ich manchmal draußen im Leben bin, desto ruhiger geht es bei meinen Installationen zu – was kein Wunder ist, wie ich finde, denn ich schenke meinen Kunden während der Programmierung viel Aufmerksamkeit, beantworte auch die ein oder andere private Frage und muss mich dadurch doppelt konzentrieren.

Von Udo bekomme ich auf den Deckel, wenn ich zu dicht an den Kunden dran bin mit meiner Aufmerksamkeit. „Hier spielt die Musik, Markus, hier bei der Programmierung und bei deiner Bohrmaschine."

DER ROTE ANORAK

02. Dezember 2020. In Deutschland einigen sich die Politiker auf eine Verlängerung des Corona-Teil-Lockdowns bis zum 10. Januar 2021.

Meine Installationsschulung geht weiter. Ich komme langsam besser klar mit den komplizierten Neuerungen im System, die beinahe täglich eintreffen. Irgendwann ist bestimmt wieder Ruhe. Mir macht das Training Spaß.

Wir dürfen unter Wahrung der aktuellen Hygienemaßnahmen weiter verkaufen und Kunden besuchen. Das fühlt sich so an, als seien wir systemrelevant. Wir sind mittlerweile etwa 20 Verkäuferinnen und Verkäufer in Berlin und sehen sehr professionell aus in unseren roten Anoraks, die unzählige Taschen haben und weit geschnitten sind.

Mein roter Anorak ist wie eine Rüstung für mich, wie ein leuchtendes Bärenfell, das mich unverwundbar macht. Ich merke, dass ich mich mit der Arbeit stärker identifiziere, was an den unterschiedlichen Kolleginnen und Kollegen aus aller Welt und der guten Stimmung liegt, aber auch an den Früchten meiner Arbeit, denn ich schütze als Installateur die Menschen jetzt aktiv.

Der Druck aus der Chefetage ist erheblich. Ich kann verstehen, wenn junge Kollegen nach einer Woche einknicken, weil es ihnen an Lebenserfahrung und Ausdauer mangelt. Ausdauer hilft eindeutig.

Ein junges Pärchen in Teltow werde ich besonders in Erinnerung behalten. Während ich meinen Kostenvoranschlag erstelle, nimmt der junge Mann zum ersten Mal die Angst seiner hochschwangeren Frau wahr. Gemeinsam gehen wir daraufhin erneut durch das ganze Haus und entdecken einige zusätzliche Schwachstellen. Die Eingangstür ist mit einer durchsichtigen Glasscheibe versehen, der Ehemann verspricht, sich um einen Sichtschutz für die Glasscheibe zu kümmern. Sein Versprechen hält er. Seine Freundin ist wenige Tage später bei der Installation hin und weg von der Fürsorge ihres Liebsten.

08. Dezember 2020. Meine Zertifizierung als Installateur steht heute auf dem Plan. Ich bin im 13. Stock eines Hochhauses und installiere eine Businessanlage. Zehn Mitarbeiter plus die beiden Chefs und jeder muss einen digitalen Sternschlüssel bekommen. Der verantwortliche Kollege nimmt den praktischen Teil der Prüfungen ab und ist zufrieden mit mir. Ich realisiere langsam, dass ich nun so weit bin, um allein als Installateur loszuziehen.

Am Abend erfahre ich, die praktischen, mündlichen und schriftlichen Prüfungsanforderungen habe ich auch bestanden. Merkwürdig, ich habe gar keine schriftliche Prüfung abgelegt.

10. Dezember 2020. Meine erste *wirklich* eigene Installation darf ich heute durchführen, noch dazu bei einem alten Bekannten, den ich aus den Anfängen meiner Sporttaucherzeit kenne. Der gute Rasmus ist Künstler und braucht die Alarmsicherung für seine Wohnung, in der er auch arbeitet. Ich arbeite gern bei ihm. Er lässt mich einige Zeit mit seiner Katze allein, was mir nichts ausmacht. Selbst als sie anfängt, mit mir zu schmusen, bleibe ich entspannt. Ich habe das hier allein durchgezogen und viel Zeit gebraucht. Hoffentlich ist alles gut gegangen!

15. Dezember 2020. Das öffentliche Leben in Deutschland wird heruntergefahren. Der Grund dafür ist die schnelle Ausbreitung der Coronapandemie. Ab Mittwoch, dem 16. Dezember schließt der Einzelhandel mit Ausnahme der Geschäfte für den täglichen Bedarf wie Supermärkte, Drogerien und Banken.

Rasmus, mein Kunde von gestern, meldet sich, um mir zu danken. Er hat nur ein paar Fragen und ist zufrieden mit meiner Arbeit. Alles funktioniert.

17. und 18. Dezember 2020. Meine erste Doppelinstallation, Familie und Firma hintereinander, alles in einem großen Haus und sehr speziell, da der Sohn des Hauses dem Vater sein stärkeres WLAN für den Upload der gemeinsamen Außenkameras nicht zur Verfügung stellen möchte. Wir haben uns geeinigt, aber ich glaube, der eigentliche Ärger ging erst los, als ich schon raus war.

22. Dezember 2020. Eine Werkstatt für Motorräder mit Exklusivvertrag von der amerikanischen Botschaft wird von mir ausgestattet. Das ist eine superspannende Installation, die sich über zwei Tage hinzieht. Der Besitzer tut alles, um seinen Kunden das Gefühl der Sicherheit für ihre geliebten Motorräder zu geben. Er hat bereits eine perfekte Fenstervergitterung und kauft bei mir die komplette Alarmsicherung im Innenbereich und drei Außenkameras.

Ich beschreibe einmal, wie so ein Installationstag aussieht. Morgens komme ich beim Kunden an, packe alles, was ich brauche, aus dem Auto, klingle und begrüße den Kunden. Dann bringe ich mein Werkzeug und das Material ins Haus und schaue mir die Gegebenheiten noch einmal an. Als Erstes muss ich die Zentraleinheit mit unserer SIM-Karte aktivieren, am besten in der unmittelbaren Nähe des WLAN-Routers. Strom an, hochfahren lassen und los geht die wilde Fahrt. Ich starte parallel die App für unsere Installationsroutine, überprüfe, ob alle Komponenten richtig eingetragen sind, und lasse den Kunden gegenchecken. Dann kann ich die einzelnen Komponenten hinzufügen, sowohl digital als auch analog. Ich tippe auf meinem Telefon, bohre und schraube an Wänden und Decken und überprüfe alle Funktionen dreifach, damit das Alarmsystem die optimale Sicherheit bietet.

Der Kunde muss genug Zeit haben, um den Alarm beim Verlassen seines Zuhauses zu aktivieren und beim Zurückkommen zu deaktivieren. Nachdem ich die Anlage komplett durchgetestet habe, übe ich mit dem Kunden den Alarmfall, damit wir später keinen Fehlalarm auslösen. Danach schließe ich die Installation ab, lasse den Vertrag gegenzeichnen und kassiere.

Im Anschluss kommt der schönste Teil. Der Kunde und seine Familie oder ausgewählte Mitarbeiter bekommen Zugang zur Alarm-App, ihre digitalen Schlüssel und ein umfassendes, leicht verständliches Training. Den Alarm lösen wir jetzt nicht mehr aus, denn meine Kollegen in der Leitzentrale müssen sich auf die echten Notfälle konzentrieren.

So kurz vor Weihnachten kommt mir mein neuer Beruf sehr merkwürdig vor. Ich stehe auf der Leiter, um Dübel mit Schrauben zu befüllen, als ob ich nie etwas anderes gemacht hätte, wo ich doch eigentlich um diese Jahreszeit eher auf der Leiter stehe, um einen Baum mit Lichtern zu schmücken, und anschließend auf der Bühne, um die Menschen zum Lachen zu bringen. Dieses Jahr ist alles anders. Weihnachtspause ist ab morgen. Bis Anfang Januar ist Ruhe im Karton.

27. Dezember 2020. In Deutschland beginnt das Impfen gegen das Virus. Bislang sind 1,3 Millionen Dosen des Impfstoffes der Mainzer Firma BioNTech an die Bundesländer geliefert worden.

11. Januar 2021. Der Lockdown in Deutschland geht in die Verlängerung – verbunden mit noch strengeren Beschränkungen.
Die Infektionszahlen in Deutschland steigen. Seit Ausbruch der Pandemie sind erstmals mehr als zwei Millionen Menschen mit dem Coronavirus infiziert oder infiziert gewesen.

Nach sechs Monaten als Sales-Experte in der Firma habe ich 34 Alarmanlagen verkauft, davon sieben selbst installiert – und mit meinem Auto nicht nur in Berlin, sondern auch in Brandenburg viele neue Menschen kennengelernt.

Ich packe meinen Werkzeugkoffer: einen Hammer, zwei große Schraubenzieher und zwei kleine, einen für Strom und einen extrakleinen! Außerdem habe ich einen Cutter dabei, ein Messgerät für Stromleitungen und eine Pumpe mit Dampf für den Rauchmeldertest. Sehr glücklich bin ich mit meiner Wasserwaage und dem Spachtel, der außerordentlich praktisch ist, wenn ich irrtümliche Bohrlöcher wieder schließen muss. Mein kleiner, dicker Schraubenzieher hat sich in engen Ecken bewährt, in Nischen oder Kammern, in denen ich mir sonst den Rücken verdrehen würde. Das alles ist in meinem Koffer – und zwei Frühstücksbrettchen, die ich zur Not benutzen kann, wenn ich etwa die Überfalltasten mal an einem Geschäftstresen etwas anders anbringen muss. Als Alternative zu den Frühstücksbrettchen habe ich spezielles Holz in verschiedenen Stärken gekauft, dünnes Sperrholz und noch ein größeres Brett, mit dem neulich ein Kunde seinen kaputten Schuppen repariert hat. Ich besorge ein neues Brett. Diesmal bestelle ich eines im Internet.

Am Abend bekomme ich von meinem Teamleiter die interessante Nachricht, dass irgendjemand in der Zentrale auf der Suche nach meiner schriftlichen Prüfung zum Abschluss meiner Installationsschulung ist. Er habe sie nicht gefunden. Wie auch, denke ich.
Nun wird beschlossen, dass ich die gesamte Prüfung nach fast zwei Monaten noch einmal ablegen soll – in vier Tagen. Ich finde heraus, dass der verantwortliche Kollege nicht berechtigt war, Zertifizierungen abzunehmen. Er habe das nur gemacht, weil kein Quality Controller zur Verfügung stand. Na, bravo. Ich bin gespannt, wie die Sache ausgeht.

20. Januar 2021. Heute ist Präsidentenwechsel in den USA. Anständigkeit ist ein Fremdwort geworden. Dennoch existiert sie, sonst wäre längst alles im Eimer.

Gleichzeitig trete ich meinem offiziellen Prüfer gegenüber, außerdem einem Newbie, den ich während meiner Installationszertifizierung an die Hand nehmen soll, um ihn in die Geheimnisse der Alarmanlagenwelt einzuführen. Das scheint ganz gut zu funktionieren. Ich mache alles richtig und bleibe in Verbindung mit dem „Auszubildenden", meinem Kunden und dem Quality Controller, den ich äußerst kompetent und sympathisch finde.
Ich habe ein gutes Gefühl. Auch die schriftliche Prüfung läuft einwandfrei. Bereits am Nachmittag erhalten Zentrale, Branch Manager und Teamleiter folgende Mail:

Hallo,

mit Freude darf ich euch verkünden, dass unser SE Markus Majowski erfolgreich zertifiziert wurde.

Er legte eine sehr ruhige Arbeitsweise an den Tag und hat sich viel Zeit für Erklärungen des Newbies genommen. Herzlichen Glückwunsch!

Mit freundlichen Grüßen

Was für ein Glück!

Ich kann gar nicht sagen, wie sehr mir solche Spielchen auf den Wecker gehen.

Eines weiß ich ganz sicher: Ich habe meinen roten Anorak, den ich den ganzen Winter über trage, total lieb gewonnen. Ich durfte mir sogar vorzeitig eine Sommerjacke, die genauso schön rot und knuddelig ist, bestellen. Da war die Firma wirklich großzügig. Ich bin stolz auf meinen Michelin-Männchen-Look. Mal gucken, was ich noch so alles als Sicherheitsexperte und Installateur erlebe. Meine Kunden grinsen sich einen, wenn ich in voller Montur erscheine, und meine liebe Frau möchte jetzt morgens, dass ich sie gleich zweimal zum Abschied in den Arm nehme, weil ich mich so stark und kompakt anfühle.

Mein lieber Hund Utzy hat am Abend einen Zusammenbruch, bei Schnee und Wind fällt er plötzlich auf der Straße um und schreit. Ich trage ihn nach Hause und halte ihn etwa 20 Minuten im Arm, während er ununterbrochen schreit und leidet. Irgendwann schläft er ein. Als er aufwacht, ist er ganz der Alte, frisst, spielt und kuschelt. Morgen geht es zum Tierarzt.

21. Januar 2021. Joe Biden hat sein Amt als 46. Präsident der Vereinigten Staaten angetreten. Kurz nach seinem Einzug ins Weiße Haus leitet er unter anderem die Rückkehr der USA zum Pariser Klimaschutzabkommen ein.

Wir bekommen hoffentlich bald klimaneutrale Autos, wobei ich noch nicht genau weiß, ob das heutzutage bereits möglich ist. Natur und Menschen vertragen sich einfach noch nicht auf Dauer. Es sei denn, die Menschheit ist viel vorsichtiger bei allem, was sie unternimmt. Aber das sagt der Richtige. Ich bin nicht gerade ein Musterbeispiel an Vorsicht.

Utzy wird beim Arzt durchgecheckt. Auf dem Röntgenbild ist eine leichte Schiefstellung vom Becken zu sehen, aber vielleicht hat er einfach ungünstig gelegen bei der Aufnahme. Ein Blutbild dauert. Der nächste Schritt wäre ein MRT unter Betäubung, sagt der Doktor.

Wenn ich mein Werkzeugköfferchen in Mister Otis reinschiebe, muss ich sehr vorsichtig sein, denn da steht auch meine Notfall-Pappschachtel mit Kleber, Halterungen, Atemschutzmasken, Pflastern, Covid-Schnelltests und Schubberschwämmen. Die Schwämme sind ganz fabelhaft. Mit denen bekommt man verschmutzte Wände wieder sauber, aber nur bei oberflächlichem Schutz. Bei Schrammen oder Motorschmiere wird es mit Schubbern nur noch schlimmer.

Und auf der Rückbank steht dann die große Silberkiste, in die nur die Rauchmaschinen hineindürfen, nicht die dazugehörigen Elektromodule. Weil die Rauchmaschinen unter Pyrotechnik laufen, brauchen sie eine Sonderbehandlung: Ich installiere die nur mit Sicherheitshandschuhen und Schutzbrille. Es passen acht Rauchmaschinen in die silberne Kiste. Unten im Fußraum habe ich einen Feuerlöscher und einen roten Aktenordner mit Zertifikaten und Sicherheitsdokumenten für die Rauchmaschinen. So kann ich beweisen, dass ich die Erlaubnis habe, das Zeugs zu transportieren, ab und zu mal wichtige Informationen nachschlagen oder meinen Kunden etwas Hochinteressantes vorlesen.

Viele fragen, ob die Rauchmaschine giftig ist. Also das, was da rauskommt. Ich sage einfach immer: „Nein, aber es brennt bei den Kriminellen in den Augen!" Jetzt kommt der Teil, wo ich eine Liste mit Inhaltsstoffen vorlesen könnte. Das mache ich manchmal. Natürlich würde der Rauch auch in den Augen der Kunden brennen, wenn sie sich dem so direkt aussetzen würden, wie das ein Krimineller tut oder tun muss. Denn der kommt rein, wobei er bei dem Einbruchsversuch bereits einen Alarm auslöst, nachdem er Fenster oder Tür aufgebrochen hat, und schon werden von ihm Fotos gemacht mit unseren sensationellen Fotodetektoren, deren Bilder ganz schnell durchs Internet zu uns gelangen. Dann kommen die Kolleginnen oder Kollegen aus der Leitzentrale ins Spiel. Die aktivieren nämlich die Rauchmaschine. Allerdings nur, wenn wir eindeutig verifizieren können, dass es nicht die Oma, der Nachbar oder sonst wer Nettes ist, sondern ein Schurke oder mehrere.

Die Rauchmaschine braucht 60 Sekunden, um bis zu 175 Quadratmeter blickdicht einzunebeln. Die Polizei ist auch schon unterwegs und der von unserer Leitzentrale herbeigerufene Wachschutz. Dieser ist bei Ankunft verpflichtet, so habe ich das gelernt, zu lüften, falls die Kunden nicht vor Ort sind, damit sich keine Rauchrückstände auf Möbeln, Kissen oder Ähnlichem absetzen.

Der oder die Schurken haben sich inzwischen bestimmt abgesetzt, sind entfleucht – und wenn nicht, dann werden sie verhaftet. Ich glaube, so ist die Reihenfolge.

Utzy hat am Abend wieder einen Anfall, wieder bei Schnee, Kälte und Wind. Er liegt in meinem Arm. Ich zittere noch lange weiter, als er längst eingeschlafen ist.

25. Januar 2021. Ab diesem Montag sind FFP2- oder OP-Masken im öffentlichen Nahverkehr und beim Einkaufen Pflicht.

Heute verkaufe ich eine sehr umfangreiche Alarmanlage an eine weitere Werkstatt für exklusive Motorräder, wirklich fantastische Kunden, die verständlicherweise besonders scharf auf meine Rauchmaschine sind, weil sie eine automatische Belüftung mit Fernauslöser verbaut haben. Da kann nun wirklich gar nichts bezüglich Rückständen passieren. Ich habe eine Idee und schicke meinem frechen Kollegen eine kurze SMS: „Moin, kennst du jemand in deiner Schwimmlehrer-Community, der eine Lüftungs-App mit einer Alarm-App koppeln kann?"

Ich bin wieder mit Utzy beim Tierarzt. Die Blutwerte sind in Ordnung. Vielleicht hat er eine Muskelzerrung. Er ist auf jeden Fall sehr verspannt, höre ich und werde an einen Spezialisten weitergereicht. Gleich um die Ecke ist eine Tierphysiotherapie-Praxis, mal sehen. Ich streichle Utzy in den Schlaf.

28. Januar 2021. Beim Einkaufen stehen die Menschen dicht gedrängt an den Kassen. Nicht jeder hält Abstand und manchmal streiten sich die Menschen laut, weil jeder eine andere Vorstellung von eineinhalb Metern hat. Ich bekomme mit meiner Maske Atemnot und muss schnell raus an die frische Luft.

Eine meiner Kundinnen möchte heute nur eine halbe Alarmanlage installiert bekommen und stellt mir immer wieder seltsame Fragen, ob nun alles sicher sei. Natürlich ist es das nicht, weil die Hälfte fehlt. Also erläutere ich geduldig den Unterschied zwischen sicher und nicht sicher und bringe sie dazu, nach und nach Komponenten dazuzubestellen. Vorsichtshalber habe ich bereits alles im Auto. Ich renne ständig hin und her, hyperventiliere prompt und bekomme Schweißausbrüche.

Währenddessen ruft unser Kundensupport auf meinem Diensthandy an. Ein Mitarbeiter beklagt sich bei mir über einen meiner älteren Kunden, der sein Passwort vergessen hat und bei einem Fehlalarm ungeduldig reagiert. Das Telefonat regt mich auf. Ein Wort ergibt das andere und ich bitte den Kollegen, meinen Kunden freundlicher zu behandeln, der mir parallel eine verärgerte Mail geschrieben hat.

Ich gerate aus der Installationsroutine, bekomme Kopfkino und Herzrasen, falle auch noch von der Leiter – und schlussendlich hat mein Arbeitshandy einen Sprung im Display, die Flurwand der Kundin eine Schramme im Farblack und mein Kreislauf einen Aussetzer.

Chaos! Ich rufe im Büro an und bitte um Verstärkung. Eine Stunde später bin ich wieder auf dem Damm, eine flugs herbeigeeilte Technikerin hilft mir und die Installation kann abgeschlossen werden. Ich habe ab jetzt eine „Lieblingskundin" hier im Norden von Berlin und bin meiner Technikerin unendlich dankbar. Gut aufgehoben zu sein bedeutet, dass andere für dich da sind, wenn du sie brauchst. Ich bin selbstverständlich bereit, mich zu revanchieren.

Utzy hat keinen Anfall mehr gehabt, aber heute Abend zum ersten Mal Physiotherapie erhalten – und die bekommt ihm richtig gut. Tatsächlich ist er sehr verspannt und läuft auch irgendwie schief. Wir sollen öfter kommen und auf jeden Fall zum MRT gehen. Ich mache einen Termin für nächste Woche aus.

30. Januar 2021. Mein Utzy kollabiert wieder. Nachdem ein, zwei Tage Ruhe war, ist sein Zusammenbruch heute besonders schlimm. Ich habe das Ganze gefilmt und die Datei den behandelnden Ärzten geschickt. Utzy schläft nach der Attacke ein, ich auch. Anschließend fahre ich ihn sofort zum Spezialisten. Er bekommt ein Notfall-MRT.

Ich habe Angst wegen der Betäubung, es ist seine erste. Der Arzt ist sehr liebevoll und beruhigt mich. Utzy hat keinen Beckenschiefstand, keine Fraktur und keinen Bandscheibenvorfall. Das Video hat inzwischen seine Kreise gezogen bei verschiedenen Medizinerkollegen. Man ist sich einig: Utzy hat epileptische Anfälle. Die können angeblich vorübergehen. Der Arzt fragt nach meinem Befinden und vermutet, dass sich meine aktuelle gesundheitliche Situation auf den Hund übertragen haben könnte. Utzy wird medikamentös eingestellt und ich muss nun die Füße stillhalten und besser auf uns beide aufpassen.

Alles hängt zusammen, Utzy spiegelt mich also! Irgendetwas stimmt nicht und ich versuche, dem genauer auf den Grund zu gehen.

01. Februar 2021. Angela Merkel bekräftigt nach einem „Impfgipfel" das Ziel, allen Bundesbürgern bis zum Ende des Sommers am 21. September 2021 ein Impfangebot zu machen.

Der Kollege aus Düsseldorf meldet sich: „Ich kenne einen Hacker, der macht gerade seinen Freischwimmer bei mir. Gib ihm etwas Zeit wegen der Kopplung von Alarm und Lüften."

04. Februar 2021. Die Bundesregierung will die in der Coronapandemie verhängte nationale Ausnahmelage mindestens bis in den Juni verlängern.

Utzy geht es besser. Er verträgt die Medikamente und wird von mir verwöhnt, aber Toben mit Tobi ist vorerst verboten.

Ich verkaufe und installiere heute in meiner ersten Apotheke. Die wollen meine Rauchmaschine nicht, weil die Gefahr zu groß sei, dass sich die Rauchrückstände auf den Medikamentenboxen absetzen. Dann könne man die nicht mehr verkaufen, sagt der Herr Apotheker.

Mein Auto ist wirklich ziemlich voll: Die Silberkiste, in der die Rauchmaschinen gelagert werden, wird rechts von zwei gelben Hundedecken flankiert. Darunter liegen in der Regel noch Schichten von wasserdichtem Stoff. Links von der Kiste lagern die einzelnen Materialpakete für Geschäft und Privatinstallationen übereinander. Eine weitere Kiste ist gefüllt mit schön verpackten Fotodetektoren, schön verpackten Rauchmeldern, ganz wunderbar verpackten CU_1-Boxen und Portalen – und nicht zu vergessen die edlen Schocksensoren, die sich in einer weiteren Kiste befinden. Ganz neu ist, dass ich die Schubladen der Holzkisten beschrifte, Batterien AAA, Batterien AA und so weiter. Mit der neuen Kollegin, der lieben Carmen, muss ich im Büro morgen eine Inventur machen und da freut sie sich bestimmt, weil bei mir alles so übersichtlich ist.

Im Fußraum stehen die Hubs, das sind WLAN-Erweiterungen, nicht zu verwechseln mit sogenannten Repeatern oder Extendern. Sie greifen vom Router ein eigenes WLAN-Netz ab, ich benenne das eigenständige Netz um und darauf können dann die Kameras zugreifen.

Im Kofferraum sind noch Prospekte und Firmenaufkleber, Außenkameras und Solarpaneele, sensationelle Businesskameras für innen und, nicht zu vergessen, meine Spezialtasche mit Dübel- und Schraubennachschub. Die richtig guten, perfekten Dübel habe ich noch nicht gefunden, auch wäre eine größere Vorratspackung wünschenswert. Am Anfang meiner Handels- und Installationstätigkeit probierte ich diverse Schraubenvariationen aus. Ich nehme jetzt keine Kreuzschlitzschrauben mehr, weil die so leicht ausfransen.

Auf Tournee hatte ich die Rückbank von Mister Otis ganz weggeklappt. Aber weil mir zwei Sitzreihen lieber sind, muss ich jetzt immer die Elektromodule zur Seite schieben.

09. Februar 2021. Eine WHO-Expertenkommission beendet nach vier Wochen die Untersuchung zu den Ursprüngen der Pandemie. Das Forscherteam erklärt, man habe nicht herausfinden können, welches Tier das Virus an den Menschen weitergab. Es gebe keine Anhaltspunkte für die Vermutung, das Virus könne aus einem Labor entwichen sein.

Verursacht wird die Erkrankung jedenfalls definitiv durch eine Infektion mit dem bis dahin unbekannten Coronavirus SARS-CoV-2. So steht es auch heute wieder in der Zeitung.

Ich kaufe mir heute noch zwei mobile Holzregale, in deren Schubladen ich weitere kleinformatige Einzelteile reinsortiere. Ich sollte die Schubladen gleich beschriften oder Etiketten draufkleben mit Fotos vom Inhalt, aber dazu habe ich keine Lust. *So* perfekt muss es dann doch nicht sein.

Meine Verkäufe steigern sich nach einem mittelmäßigen Januar. Erfolg und Anerkennung wirken sich positiv auf meine Laune aus. Ich verteidige vorsichtshalber meine erfolgreiche Stellung mit Angriff und verkaufe fleißig weiter.

Utzy hat keine Anfälle mehr. Er wirkt fröhlich und ausgeglichen und Tobi schmust ihn oft in den Schlaf. Die beiden Cousins sind in ihrem Element.

10. Februar 2021. Der Lockdown in Deutschland wird bis zum 7. März verlängert.

Mein Arbeitshandy gibt langsam seinen Geist auf. Manchmal fällt der Bildschirm ganz aus. Dann hilft nur ein Neustart. Ich muss aber regelmäßig nachgucken, ob der Branch Manager etwas ankündigt, meine digitalen Angebote eintragen und meine Installationen in der Firmen-App synchronisieren.

Mein privates Telefon ist eher ein Spielzeug für mich, eine Backgammon-Plattform und Geheimzentrale für gute Ideen. Ich mache mir oft Notizen auf meinem Smartphone. Mein erstes richtig abgefahrenes Gerät war ein SX 45 und dann ein MDA von der Telekom.

Ob mich meine Firma wohl ortet bei allem, was ich tue?

17. Februar 2021. Nach Daten des Robert Koch-Instituts ist der Anteil der britischen Virusmutation unter allen Neuansteckungen in Deutschland binnen zwei Wochen von knapp sechs auf mehr als 22 Prozent gestiegen.

Die Kollegen helfen mir, zu installieren. Verkaufen geht, aber die Installationen beginnen mich zu belasten. Ich kann es nicht verheimlichen, mein Herz stolpert. Ich trete kürzer.

19. Februar 2021. Deutschland sagt bei einem G7-Gipfel 1,5 Milliarden Euro für den Kampf gegen die Pandemie zu.

Habe ich die richtige Markus-Schwingung in meinem neuen Job? Ich schäme mich, weil ich mich schwach fühle. Ich bin einer von dreien, die so lange dabei sind, dass sie Urgesteine genannt werden. Noch nicht einmal ein Jahr dabei und schon ein Urgestein, so ein Quatsch! Zwei Newbies fragen mich, ob ich ihnen bei der Kaltakquise helfen kann. Sie täten sich schwer und würden sich Sorgen um ihr Weiterkommen machen. Ich brauche mich nicht zu schämen, brauche nur flexibel zu sein und das machen, was ich gerade kann. Jetzt helfe ich. Prompt ruft das Büro an: Mein neues Diensttelefon ist da, ein nagelneues, großformatiges Smartphone aus Asien.

Utzy ist etwas benommen von den Medikamenten. Ich lasse ihn viel schlafen und schlafe immer häufiger ebenfalls. Bei mir heißt das Spontan-Nickerchen.

21. Februar 2021. Israel führt Sonderrechte für geimpfte oder genesene Bürgerinnen und Bürger ein. Mit einem „Grünen Pass" dürfen sie unter anderem Fitnessstudios, Hotels, Theater oder Sportereignisse besuchen.

Das neue Smartphone ist hervorragend, die Einrichtung dauert allerdings Stunden.

In der Arbeit gibt es ständig neue Preise und Bedingungen für unsere Rabatte, die für mich keinen Sinn ergeben. Offenbar probieren IT und Chefetage gern einmal etwas aus, was nicht wirklich ausgereift ist. Meine Kunden mucken auf, weil sie das Gefühl haben, dass Absprachen nicht eingehalten werden. Sie warten zu lange auf ihre Provisionen für Weiterempfehlungen. Wenn ich deswegen etwas zu meinem Teamleiter sage, höre ich: „Geh den Problemen aus dem Weg, Markus." Also biege ich mich wie eine Gerte. Die gesteckte Kritik aktiviert meine Kräfte, ich stürze mich in Arbeit.

24. Februar 2021. Der Präsident des Robert Koch-Instituts hat ein Versäumnis bei der Veröffentlichung eines Strategiepapiers zu Öffnungsszenarien in der Coronapandemie eingeräumt. Ich habe das hier im Netz gefunden, anderes Institut, sechs Monate zuvor:

Anhand eines 12-Punkte-Plans skizzieren die Experten des Instituts der deutschen Wirtschaft (IW) eine Übergangsphase vom Shutdown hin zur Normalität:

1. Tests und medizinische Behandlungskapazitäten ausbauen
Ermöglichen einen schnelleren Exit aus dem Coronashutdown.

2. Schulen und Kindergärten öffnen
Nur so könnten Eltern wieder mit der notwendigen Aufmerksamkeit ihrer Beschäftigung nachgehen.

3. Verkehrskapazitäten erhöhen
„Eine höhere Taktung reduziert die Zahl der Menschen in dem jeweiligen Bus oder der Bahn."

4. Öffentliche Verwaltung öffnen
„Schutzmaßnahmen, wie sie beispielsweise in Supermärkten oder Apotheken getroffen wurden, können auch hier die Ansteckungsgefahr verringern."

5. Geschäfte und Restaurants öffnen
Die unterschiedlichen Vorgehensweisen der Länder deuten darauf hin, „dass der Handel nicht so weitgehend geschlossen sein muss, wie dies derzeit teilweise der Fall ist".

6. Produktion der Industrie hochfahren
Mit systematischen Schnelltests könnten Unternehmen zudem dafür sorgen, dass Mitarbeiter sicher und ansteckungsfrei ihrer Arbeit nachgehen können.

7. Grenzen öffnen
Die komplexen Wertschöpfungsketten basieren auf internationaler Arbeitsteilung und somit auch auf dem internationalen Austausch von Gütern.

8. Großzügige finanzielle Unterstützung für Unternehmen
Um die Unternehmen nicht zu gefährden, müsse sich die öffentliche Hand „bei Steuernachzahlungen, Sozialversicherungsbeiträgen und Rückzahlungen von Überbrückungskrediten großzügig verhalten".

9. Einreise ausländischer Arbeitnehmer ermöglichen
Das helfe, Branchen, die auf ausländische Arbeitskräfte oder Subunternehmer angewiesen sind, zu entlasten.

10. Soli zum Sommer abschaffen
Eine „ohnehin gebotene" steuerliche Entlastung könne sowohl Konsumenten als auch Unternehmen ein Aufbruchssignal senden.

11. Nachfrageprogramme vorbereiten
Die Forscher nennen als Beispiel klimafreundliche Heizungen. Hier könnten spezifische Programme die Nachfrage erhöhen.

12. Wachstumsprogramm aufsetzen
Priorität haben laut den Forschern Beschränkungen, die hohe wirtschaftliche Kosten verursachen oder zu starken sozialen und gesundheitlichen Belastungen führen.

Mir leuchtet das alles ein, bin gespannt. Meine Haltung zu den bisherigen Einschränkungen bleibt relativ neutral. Bin ich etwa ein Schaf?

01. März 2021. Nach zweieinhalb Monaten haben Friseure wieder geöffnet.

Schön ist es heute, als ich zu den Kunden Mike und Sandra nach Templin fahre. Ich sehe wieder aus wie ein normaler Bürger. Die kürzeren Haare haben mich dazu ermuntert, den roten Sommeranorak auszupacken. Bald ist Frühling, denke ich, und steige mit guter Laune aus meinem Dienstwagen. Prompt fröstelt es mich.

Ich habe Mike bereits am Telefon auf die Alarmanlage eingestimmt. Er ist begeistert von meinem Angebot. Der Preis stimmt, eine Kamera kann ich schenken und er hat sogar meine Stimme durch die Leitung erkannt – meine Prominenz wurde quasi teleportiert. Jetzt bin ich da. Hier irgendwo wohnt die Mama von Frau Dr. Merkel. Mike trifft sie manchmal beim Einkaufen, sagt er.

Mike will die Alarmanlage, Sandra überlegt noch. Als Sandra meine gute Laune und den frischen Haarschnitt bemerkt, will sie plötzlich beides: die Anlage und einen neuen Haarschnitt! Mike muss nicht zum Friseur – er hat eine Glatze –, aber Sandra macht sich später auf die Socken.

Bei der Installation mucken die Kameras. Mike meint: „Du, ich weiß, warum die eine Kamera funktioniert und die andere nicht. Kein Wunder, die andere ist nicht geschenkt. Müssen wir da noch etwas ändern?" Mike ist höflich und hält mir den Karton mit Dübeln hin. Er lobt meine Arbeitshose, wundert sich aber über den schweren Akkubohrer in meiner Hand: „Das ist doch nichts, so ein Brocken!"

Ich balanciere in vier Metern Höhe auf einer Leiter. Kaum dass ich eine Schraube an der Halterung für das Solarpaneel angesetzt habe, entwischt sie mir wieder, diese blöden Magnetkontakte! Meine Muskeln erschlaffen unter dem Gewicht meines Werkzeugs und schließlich reicht mir Mike einen handlichen Mini-Akkubohrer.

Ich bin hin und weg. Der ist so leicht, dieser Akkubohrer. Ich wünsche mir den zu Ostern, donnert es in meinem Hirn. Im Internet kostet der knapp 40 Euro, meint Mike, das zahle ich erst einmal aus eigener Tasche. Dann ist die schon etwas leichter.

Nach der Installation mache ich Selfies mit Mike und Sandra und fahre weiter zu einem anderen Pärchen im Ort, Bekannte von Mike.

Die Bekannten scheinen sehr interessiert, leben in wilder Ehe mit drei Kindern und wollen den Treppenflur ihres Miethauses überwachen. Öffentliche Bereiche wie gemeinsam genutzte Treppenhäuser dürfen allerdings nicht ohne Einwilligung der anderen Mieter überwacht werden. Ich habe kompatible Lösungen parat und bitte die Kunden, das in der Hausgemeinschaft zu klären. Viel Kraft und Zeit investiere ich, um den beiden die Alarmanlage schmackhaft zu machen, denn eigentlich wollen sie nur die Kameras.

Die zwei hängen an meinen Lippen, weil sie mir einfach gern zuhören. Die Kinder werden hinzugerufen und ich spiele einige Szenen aus „7 Zwerge. Männer allein im Wald" und den Donald Duck als Zugabe. Den kann ich richtig gut. Den Hahn spare ich mir für den nächsten Kunden auf, denn den kann ich noch besser, einen beinahe echten Hahnenschrei!

Ich spüre das Zögern der Kunden, Alarmanlage oder nur Kameras? Nur Kameras geht bei uns nicht. Die Anlage ist Grundlage für eine optimale Sicherung. Kameras ergänzen das System lediglich. Ich deute die allgemeine gute Laune als Chance und steige euphorisch ins Auto. Den Verkauf habe ich quasi in der Tasche, rede ich mir ein.

Bestens gelaunt halte ich Ausschau nach Mama Merkel und düse zu meinem nächsten Termin, einem Sägewerk, leider mit einer Stunde Verspätung. Die Fahrt geht in Richtung Norden durch die Templiner Seenlandschaft, irre Landschaft. Bis ich zum Sägewerk komme, sterbe ich fast vor Hunger. Ein Bäcker ist meine Rettung. Auf dem Land schmeckt Brot mit Butter und Käse deutlich intensiver. Endlich erreiche ich mein Ziel. Draußen wartet der Chef, ein weiterer Bekannter von Mike, auf mich und meint, dass er jetzt wegmuss.

Ich säusele nur: „Ach, das macht doch nichts. Ich komme einfach am Montag wieder." Das wäre dann in drei Tagen. Ich bilde mir ein, dass ich am besagten Montag die neue Alarmanlage, die ich in meiner Wunschvorstellung kurz vorher dem wilden Pärchen verkauft habe, installiere. „Morgens früh um 8 Uhr passt für Sie?" So ein Quatsch, dann muss ich morgens um 6 Uhr losfahren. „Ja, passt!" Na, bravo!

Ohne Chef laufe ich mit Utzy, der natürlich dabei ist, über das Gelände, mache mir Notizen und denke: „Das war echt super, Markus!" Utzy ist wohlauf, springt rum und scheint Wild zu wittern. Sein Näschen bläht sich ganz aufgeregt.

Heute ist ein guter Tag, um ein guter Tag zu sein! Ich mache aus purer Freude den Hahnenschrei in den Wald hinein. Das Echo ist überwältigend.

Ein großer Kran kreist über meinem Kopf, schnappt sich einen Baumstamm, hebt ihn hoch in die Luft und lässt ihn in eine Baumstammnackig-machen-Maschine gleiten, in der die Rinde abgezogen wird. Ich male mir währenddessen aus, wie das wird, wenn ich hier drei Anlagen installiere, so groß ist das Gelände und so umfassend die Gebäude. Ich müsste das WLAN überprüfen und mehrere Repeater verbauen. Aber das wird richtig toll ... Danach kaufe ich mir ein Boot von meinem sensationellen Gehalt und reise um die Welt.

Keiner der Verkäufe von heute wird zustande kommen, außer bei Mike und Sandra. Das wilde Pärchen will die anderen Mieter nicht um Erlaubnis fragen und kauft Überwachungskameras im Baumarkt und bei dem Sägewerk gibt es einen Trauerfall. Ist jemand in die Baumstamm-nackig-machen-Maschine gefallen? Ich melde mich in drei Monaten noch einmal. Besser ist, keine Erwartungshaltungen zu haben.

Der Rückweg nach Berlin ist besonders. Sonnenuntergang und viel Wild – Rehe, die am Straßenrand stehen und darauf warten, die Straße zu überqueren, oder einfach springen und mir einen Heidenschreck einjagen. Langsam, langsam! In einer der nächsten Kurven sehe ich einen Unfall, Totalschaden. Von Rehen keine Spur. Du hast sie entkommen lassen. Die Welt ist manchmal perfekt.

03. März 2021. Bund und Länder vereinbaren, den Lockdown bis zum 28. März zu verlängern. Die zuerst in Großbritannien nachgewiesene und deutlich ansteckendere Coronavariante B.1.1.7 macht fast die Hälfte aller Neuinfektionen in Deutschland aus.

Heute Nacht träume ich von der Baumstamm-nackig-machen-Maschine, lerne sie von innen kennen und schleiche bis morgens um 5 Uhr als Gerippe durch die Wälder meines Traumes. Nichts Aufregendes, nur viel Nebel, einige gut schmeckende Pilze und ein modriges Wasserloch. In der Ferne ist Autolärm zu hören.

06. März 2021. In Deutschland verkaufen Discounter erstmals Coronaselbsttests. In vielen Discounterfilialen sind die Tests bis Mittag ausverkauft. Einige bieten die Schnelltests für daheim online an, eine Discounterwebsite bricht wegen des Ansturms vorübergehend zusammen.

Ich bin heute Nacht wieder als Traum-Gerippe unterwegs, spreche Zauberformeln, um meine Körperhülle wiederzuerlangen, und darf schließlich als Hirsch, der einem Lastwagen vom Sägewerk auflauert, im Traum weiterleben. Gegen 5:30 Uhr wache ich auf und mache mir ein Bauernfrühstück, fleischlos.

Meine Verkäufe sind überdurchschnittlich und die Installationen machen mir wieder Freude.

19. März 2021. Die BioNTech-Gründer Özlem Türeci und Uğur Şahin haben das Bundesverdienstkreuz erhalten.

Ich vergebe heute drei Sterne in meinem Traumtagebuch. Das waren mit Abstand die spannendsten Träume in den letzten Tagen, die ich jemals hatte. Heute Nacht wurde ich, der Hirsch, zum Herrscher eines großen Rudels voller wunderschöner Rehkühe. Ich bin nun mehrfacher Hirschvater und gehe voller Zuversicht einer kulinarischen Verwendung entgegen.

Heute installiere ich in einem riesigen Haus. Die Kundin ist alleinstehend, den ganzen Tag im Homeoffice und wir erzählen uns gegenseitig unser Leben, worauf die Idee für dieses Buch in meinem Kopf entsteht.

23. März 2021. Bund und Länder beschließen nach langen Verhandlungen einen harten Lockdown über Ostern.

Über die Feiertage gibt es dieses Jahr bei uns nur vegetarisches Essen. Vorher arbeite ich auf Anschlag. Ich fahre noch einmal zu Mike und Sandra nach Templin, um die Kameras umzuhängen. Während dieser Aktion ruft meine Managerin Daniela an. Sie hat einen Verlag gefunden für das Buch. Jetzt kann es losgehen. Auf dem Heimweg improvisiere ich und fahre ein bisschen durch die Pampa, entdecke ein auffälliges Firmenschild, noch ein Sägewerk, mache dort Kaltakquise und ein Angebot für meine Alarmanlage. Man hat mir wohlwollend zugehört und wird sich melden.

28. März 2021. Angela Merkel fordert von den Bundesländern die konsequente Anwendung der Coronanotbremse bei Inzidenzen über 100. Sie droht, ansonsten werde der Bund eingreifen.

Merkwürdig, alles geschieht wie von selbst – und zwar jeden Tag. Mein Netzwerk wächst und wächst und wächst. Mein frecher Kollege aus Düsseldorf schreibt: „Du, Markus, der Hacker fragt, ob die Alarm-App wirklich sein muss. Er könnte Lüftung und Garagentor kombinieren. Alarm ist ihm zu heikel." Ich antworte ganz entspannt, dass die Angelegenheit nicht so wichtig ist. Das neue Sägewerk bietet mir einen Termin an. Die Geschäftsführung möchte mich kennenlernen, allerdings erst im Herbst. Ich bin geduldig. Hoffentlich träume ich heute Nacht etwas anderes.

31. März 2021. Der Impfstoffentwickler BioNTech meldet die hundertprozentige Wirksamkeit seines Impfstoffs bei 12- bis 15-Jährigen.

Ich erlebe seit zwei Tagen eine traumlose Zeit. Das ist auch einmal ganz angenehm.

03. April 2021. Bundespräsident Steinmeier hat in seiner Osteransprache eine Krise des Vertrauens und Fehler beim Testen, Impfen und der Digitalisierung eingeräumt. Er rief zugleich dazu auf, sich nicht nur zu empören.

Ich bin der Mann mit ohne Schnur. Über 15 Jahre, der Herr T. Neumann. Heute ist ein älterer Kunde, den ich für ein Angebot besuche, dermaßen erfreut, mich zu sehen, dass er mir meine eigenen Telekom-Spots von 1998 vorspielt. „Das T-Concept C522 zeichnet sich aus durch leichte Bedienung über einfache Menüführung mittels Display!" Mittels was? „Mittels Display!" Und was ist das da? „Das Display ..." Ach so.

Wir schnacken über alte Zeiten. Seine Frau kommt dazu und beide entscheiden sich für die komplette Alarmsicherung ihres Eigenheims plus Weiterempfehlung an die Nachbarn. Nächste Woche komme ich zum Kaffeetrinken, rechts und links die Straße runter. Zum ersten Mal habe ich praktisch alle Komponenten, die wir anbieten, auf einmal verkauft: Starter-Paket mit Upgrade, zwei Notfallknöpfe, zwei Außenkameras, drei Fotodetektoren, zwölf Schocksensoren, einen Wasserdetektor für die Waschküche, eine extra Voicebox, einen WLAN-Hub, sechs digitale Schlüssel, sieben Rauchmelder und zwei Rauchmaschinen. Dazu eine Versicherung für die Sofortwiederherstellung und unser Schutzengel-Paket für das Handy.

06. April 2021. Ein hochrangiger Vertreter der EU-Arzneimittelbehörde EMA spricht von einer Verbindung zwischen dem AstraZeneca-Impfstoff und dem Auftreten von Blutgerinnseln bei einigen Geimpften.

Wie viele Menschen in Deutschland neige ich dazu, alles zu glauben, was in den Nachrichten von *ARD* oder *ZDF* kommt. Mittlerweile recherchiere ich aber lieber nach und stelle fest, dass ich nicht mehr durchblicke, so viele unterschiedliche Meinungen gibt es zum Thema Lockdown, Abstandsregeln und Kontaktbeschränkungen.

Mein Nachbar liegt seit letzter Woche auf der Intensivstation und muss künstlich beatmet werden – das war der, dessen Bekannter mir erklärt hat, dass Corona harmloser als eine Sommergrippe sei. Ich versuche vorsichtig, meinen Kopf zu sortieren, was nicht funktioniert, also schicke ich Genesungswünsche per SMS und gönne mir ein Spontan-Nickerchen.

10. April 2021. Die Auslastung der Intensivbetten in Deutschland hat heute nach Angaben der Deutschen Gesellschaft für Internistische Intensivmedizin und Notfallmedizin den höchsten Stand seit Beginn der Pandemie erreicht.

Ein Kollege von mir hat bei seiner Installation Mist gebaut. Ich decke ihn und mache das gern. Was ich auch gern mache, ist, vor dem Teamleiter zu kuschen, um lieb gehabt zu werden, aber eigentlich nur, wenn meine eigenen Verkäufe mal nicht so gut laufen, dann brauche ich einfach Zuneigung von einem Profi.

12. April 2021. Die Superreichen der Welt sind laut UN-Generalsekretär António Guterres in der Coronakrise um weitere fünf Billionen Dollar reicher geworden.

Heute helfe ich einem Kundenehepaar, als ich von den Einbrüchen bei uns zu Hause, den Konsequenzen und unserem heutigen Gefühl der Sicherheit spreche, den Wert ihrer neuen Alarmanlage noch deutlicher zu erkennen. Ich bleibe bestimmt zwei Stunden länger und tausche mich mit ihnen über Tresore und die Oldtimer in ihrer Garage aus. Schlussendlich vermittle ich ihnen einen Kollegen in Madrid, der ihre Villa auf Mallorca in der kommenden Woche absichern wird.

13. April 2021. Die Bundesregierung hat die Verschärfung des Infektionsschutzgesetzes beschlossen.

Wir dürfen weiterhin Kundenkontakt haben. Der schönste Tag während meiner Zeit in der Firma ist heute, eine rundum stimmige Installation.

Gut aus dem Bett gekommen bin ich, habe tief geschlafen, leckeres Crunchy-Müsli gemacht und bin dann mit den Hunden erst einmal eine Gassirunde gegangen. Ich bin so richtig ruhig in den Tag gekommen und gegen 10 Uhr ab zu einer Installation in Gropiusstadt, dabei hoch in den 13. Stock. Ein sehr netter Kunde erzählt mir, warum er die Anlage wirklich dringend braucht: Er hat Angst und wird aktuell bedroht.

Tobi und Utzy liegen brav unter dem Tisch. Sie freuen sich, wenn sie an meiner Seite sind. Ich baue ihm meine super Anlage ein und erkläre alles schön verständlich. Das ist die schnellste Installation bislang, deswegen mag ich sie so. Drei Sternchen!

Anschließend gehe ich lecker Currywurst essen zu Tadeusz, meinem Freund und Kunden aus Polen, mit vollem Bauch auf die Autobahn, anschließend in die Uhlandstraße zu meinem Stammoptiker SiVede. Dort hat der Besitzer, der liebe Klaus, schon auf mich gewartet und kauft mir sofort meine Alarmanlage ab. Klaus ist ein Witzbold und ich glaube, er möchte mir einen Gefallen tun. Technik ist gar nicht seins und er braucht lange, um alles zu verstehen. Das Ganze verpackt er aber in kleine ironische Anmerkungen. Wie lieb von ihm. Fast zwei Monate habe ich ihn fleißig bearbeitet, installieren werde ich diese Woche noch am Freitag.

Ich laufe durch die Uhlandstraße, meinen alten Kiez, begrüße Freunde und Bekannte und beantworte Fragen zu meinem fröhlichen Michelin-Männchen-Look. Der rote Anorak wird ausgiebig bestaunt und mein Dienstausweis macht die Runde. Wenn man den Barcode darauf scannt, bekommt man meine Kontaktdaten auf das Handy.

Im Anschluss rufe ich meine liebe Mama an und gehe mit ihr noch einmal die Funktionen des SOS-Schalters durch. Das Alarmsystem hat sie jetzt auch – sie hat sich gegen Billigprodukte aus dem Internet entschieden. Ich danke Dir, Gott. Jetzt bin ich zu Hause und esse Süßigkeiten. Aber nur wenig.

14. April 2021. Erster Tag der Coronatestpflicht beim Einkaufen in Berlin.

Ich bin einfach mal trotz großer Müdigkeit mit den Hunden zackig raus in den Park. Und dann ab ins Auto. Mister Otis ist etwas in Unordnung geraten, zu viele Materialien liegen im Wagen verstreut. Also kaufe ich mir einen Trolley für 15 Euro, den ich hinter mir herziehen kann und wo viel reinpasst. Das kann ich aber nur machen, weil ich vorher ein Gespräch führe mit einer netten Dame an der Coronaschranke vor dem Laden. Sie empfiehlt mir, in der Apotheke um die Ecke einen kostenlosen Test machen zu lassen. Das Testen finde ich super, hat ein wenig gekitzelt, wie wenn mir Champ den Wattebausch in die Nase schieben würde. Jetzt warte ich. Kurz beim Bäcker rein und lecker Espresso auf der Straße geschlürft und schon ist mein Test fertig. Leider habe ich den Eindruck, die Coronatester, alles junge Leute im provisorischen Kittel, geraten leicht in Panik, da der Andrang von Testwilligen jetzt gegen 12 Uhr mittags steigt. Das wird schon!

Ich freue mich auf meinen Besuch bei einer alten Bekannten. Sie hat ihr Haus und Hotel an der Ostsee verkauft und lebt jetzt in einer Wohnung am Ku'damm. Ein kleines Apartment in Ahlbeck hat sie vorsorglich behalten. Sie braucht vielleicht eine Alarmanlage, weil sie immer allein ist und ein bisschen Angst hat. Am Samstagnachmittag lädt sie mich zum Lunch ein.

Wachstum kommt, wenn es richtig schlecht läuft. Ich habe mich heute mit meinem Jungen heftig gestritten. Eigentlich tut mir die Situation leid, denn in den letzten Wochen habe ich ihn zu sehr verwöhnt. Er hat sich daran gewöhnt – und wenn ich ihn um etwas Hilfe im Haushalt bitte, vergisst er das manchmal. Wenn ich dann gerade Stress habe, werde ich wütend. Ich habe deutlich Stellung bezogen und einmal auf den Tisch gehauen. Ich fordere Respekt mir gegenüber, entschuldige mich aber für meinen Ton und die Lautstärke. Wir verabreden, dass jeder von uns Zeichen gibt, wenn er gerade in der Bredouille steckt. Er ist ein wundervoller Junge!

Kurz danach habe ich die erste interne Onlinekonferenz mit meiner Firma wegen der verschobenen Video-Marketingkampagne. Ich glaube, meine Aufregung von eben haben die mir angemerkt, etwas peinlich, aber wir kommen mit der Planung voran, scheibchenweise. Vorerst wollen die CEOs noch warten, bis die Coronazahlen besser werden. Dann kommen zwei Bookings rein. Mein Terminplan für die nächsten Tage wird zu voll.

15. April 2021. Wir sind mitten im Lockdown. Um die dritte Welle zu brechen, sind mittlerweile flächendeckend Teststationen aufgebaut und über 17 Prozent der Deutschen hat mindestens eine Impfung gegen das Coronavirus erhalten. Die Politik sagt, aus heutiger Sicht sei es zu schaffen, so viele zu impfen, dass im dritten Quartal 2021 eine Herdenimmunität erreicht werde.

Ich stehe in meinem Anorak mit meiner Heimatstadt Berlin verwurzelt bei strömendem Regen auf einer wunderschönen Terrasse mit Markise. Meine Brillengläser beschlagen. Die Kunden sind sehr angetan von mir. Ich nehme mir Zeit und beantworte jede Frage ausführlich. Es gibt so viel über dieses Alarmsystem zu berichten. Alle lieben unser SOS-Gerät. Herzpatienten beispielsweise können zu Hause in einem 20-Meter-Radius ein SOS-Signal absetzen, auch im Garten, werden sofort kontaktiert und bekommen schnelle Hilfe, selbst wenn sie nicht mehr antworten können. Unser Schutzengel-System kann zusätzlich auf dem Smartphone in der Alarm-App installiert werden und hilft dann sogar landesweit Kunden in Notsituationen, wenn sie ihre Standortfreigabe aktivieren.

17. April 2021. Endlich Samstag. Die Dankbarkeit überwiegt und das morgendliche Aufstehen, sogar am Wochenende, um Kunden zu treffen und mit ihnen Einweisungen zu üben und Verträge abzuschließen oder nachträgliche Zahlung vorzunehmen, ist völlig in Ordnung. Die

Firma erwartet diesen Einsatz von uns. Ich ziehe das einfach einmal durch. Ich bin in Bewegung, meine Hunde sind bei mir. Aber ich nehme trotzdem weiter an Gewicht zu: Mein Ego nimmt ab, mein Körper nimmt zu.

Ich habe eine ganz normale Arbeit, bin Verkäufer und Installateur, aber ich esse mittags und abends wie ein Scheunendrescher. Ich bin doch kein Bauarbeiter!

Ich empfinde dieses Wochenende voller Arbeit, das für viele von uns in der Alarmanlagenfirma keine Ausnahme darstellt, als einen Wendepunkt meiner Einstellung zu den Unternehmensanforderungen.

Heute steht die Einladung zum Lunch bei Frau Ahlbeck auf dem Plan. Mittlerweile ist es 17 Uhr und ich bin ausgepowert. Eigentlich zieht mich nur Neugier zu diesem Treffen. Die liebe Frau Ahlbeck hat angekündigt, dass ihre Freunde schon ganz gespannt sind auf den berühmten Schauspieler.

Sie ist wirklich wahnsinnig lieb mit ihren 85 Jahren. Wir hatten länger keinen Kontakt – und neulich habe ich sie spontan angerufen. Der kleine Vampir in mir witterte durch die Telefonleitung hindurch interessante Geschichten. Ich bin überrascht, wie lebensfroh ich sie heute Nachmittag antreffe, wie viel Alkohol sie verträgt und was für verrückte Sachen sie inzwischen erlebt hat. Das Treffen wird leider sehr feuchtfröhlich. Es gibt Königsberger Klopse mit viel zu vielen Kapern und ich animiere die beschwipsten Gäste aus Verlegenheit zu einer Runde „Was bin ich?". Ich hatte nicht geplant, über meine berufliche Veränderung zu reden, doch jetzt spüre ich: Das sind Kunden. Vielleicht werden es einmal Freunde, aber jetzt sind es Kunden. Einer fragt, ob ich Grabredner bin. Frau Ahlbeck wirkt etwas unruhig. Befürchtet sie, dass ich als Callboy arbeite?

Eine der anwesenden Damen, eine Ingenieurin, kommt nach ein paar Minuten schon auf die richtige Spur. Sie und ihr Partner, ein Fabrikant im Ruhestand, sammeln die passenden Begriffe und Hinweise: Schutz, Wohlfühlen, Technik, Menschen glücklich machen, Kameras ... Sie erraten meinen neuen Beruf auf den Punkt, sogar dass ich selber installiere. Alle sind ganz aufgeregt, scheinen schlagartig wieder nüchtern zu sein und sprechen mir Anerkennung aus – und ich glaube, sie meinen es ehrlich, denn alle hier am Tisch haben ihr Vermögen mit der Arbeit ihrer Hände aufgebaut.

Die beiden Quizsieger wohnen nebenan, zeigen mir ihre Wohnung und möchten ein Angebot für eine Alarmsicherung haben. „Mach es nicht so günstig. Wir wollen, dass du etwas davon hast und dass es richtig gut wird. Wir brauchen die Alarmanlage, weil wir regelmäßig für ein halbes Jahr nach Spanien ziehen." Der Verkauf und die Installation werden eingetütet. Ganz nebenbei bitten sie mich, noch ihr Haus am Scharmützelsee anzuschauen – wenn ich mag, könne ich da auch gern wohnen, falls ich einmal eine Auszeit bräuchte. Du bist allgegenwärtig, Gott.

19. April 2021. Der Gesundheitsausschuss des Bundestags billigt die geänderte Vorlage für die bundesweit einheitliche sogenannte Coronanotbremse.

24. April 2021. Die bundesweite Coronanotbremse ist in Kraft getreten. Auf den deutschen Intensivstationen werden 5.022 Covid-19-Kranke behandelt – innerhalb eines Monats stieg die Zahl damit um fast 2.000.

25. April 2021. Vier Tage vor meinem Geburtstag stelle ich fest, dass ich gar nicht 58 Jahre alt werde. Ich bin ein Jahr jünger, aber ich fühle mich um einiges älter. Das ist den Umständen geschuldet. Die grauen Haare sprießen wie das Unkraut zwischen den Rabatten, umso mehr, als ich doch so schreckhaft auf alles reagiere, was meinen Horizont übersteigt. Seit einem halben Jahr sehen meine Schläfen wie die eines Silberfuchses aus. Schön, sage ich mir, zur Feier des Tages nehme ich mir nach meinem Geburtstag eine kleine Auszeit.

Kleinere spontane Pausen gehören nicht zu meinem Lebenskonzept – ich nehme sonst jede Gelegenheit wahr, um Dinge voranzutreiben, bis gar nichts mehr geht –, doch dieser Moment ist jetzt gekommen. Mir fehlt aktuell die Kraft, mich in meinem Job als Sicherheitsexperte um alles und jeden zu kümmern, einzuspringen, wenn man mich ruft, oder von selbst meine Hilfe anzubieten. Ich träume viel lieber von einem coolen Urlaub, in dem all das vorhanden ist, was ich mir aktuell wünsche. Gibt es eigentlich noch diese All-inclusive-Hotels? Und gibt es im Lockdown noch legale Wege, um auf eine einsame Insel zu gelangen?

Gerade kommt eine SMS rein. Mein frecher Kollege aus Düsseldorf macht mir ein Angebot, das ich nicht ablehnen kann. „Es gibt in Düsseldorf ein Freibad, das hat auch im April geöffnet. Ich habe die Schlüssel für das Außentor und für die Traglufthalle vom Olympiakader. Ich kann sogar die Innenbeleuchtung anmachen, auch unter Wasser. Nachts, Markus! Wenn du Lust hast, schwimmen zu gehen, du weißt, wo du mich findest. Wir sehen uns im Theater." Ich denke, wo nimmt er die ganze Zeit her?

Fünf Minuten später stehe ich in so einem kleinen Tabakgeschäft und kaufe Kaugummis. Ich frage: „Machen die schöne große Blasen?" Mein Gegenüber grübelt: „Irgendwoher kenne ich dich!" „Ich bin Markus. Fühlen Sie sich eigentlich sicher in Ihrem Geschäft? Haben Sie schon einmal über eine Alarmanlage nachgedacht?" „Was? Bist du nicht der Markus von Comedy, der immer so komisch ist?" „Klar, das bin ich. Und jetzt verkaufe ich Alarmanlagen und installiere sie auch, heute oder morgen oder nächste Woche." Er schreit in Richtung Hinterzimmer: „Yasemin! Mein Lieblingsschauspieler kauft Kaugummis mit großen Blasen und installiert mir Alarm! Yasemin, komm du mal vorn! Markus, ich habe noch zweiten Laden aufgemacht, Geschäfte laufen! Kannst du mir mitmachen?" „Du, warum nicht?", antworte ich bescheiden.

Mist. Das passiert mir ausgerechnet, wenn ich gerade in den Chill-Modus will. Die Gedanken sind schon bei meiner Auszeit, so eine mit drei Tage lang Netflix-Serien gucken und Kaugummiblasen machen, denn wenn ich Pause mache, dann lasse ich es richtig krachen – und ausgerechnet da klingelt in diesem kleinen Tabakgeschäft ganz überraschend meine Kasse. Auf solche Momente warte ich manchmal eine Woche lang, manchmal zwei. Wie ich es auch drehe, ich muss diesen Kunden in den nächsten Monat schieben. Und das scheint zu klappen. Er bleibt bei der Stange, versichert er mir. Müde sehe ich aus, sagt er mir. Ich bekomme einen Tee und Honigbrot. Ich glaube, wir könnten Freunde werden. So etwas braucht sowieso Zeit. Langsames Kennenlernen, das funktioniert erstaunlich gut. Kunden, die sich nicht entscheiden können, empfehle ich: „Fragen Sie ruhig nach, lassen Sie das Ganze auf sich wirken und dann sagen Sie mir spontan, wann ich für den Einbau kommen soll!"

Heute werde ich die Realität annehmen. Ich bin wohl wirklich reif für eine Auszeit.

26. April 2021. Ich bin ganz ruhig in den Tag gestartet, mit leichten Kreislaufproblemen und dem üblichen spürbaren Übergewicht. Ich weiß, wie es um mich bestellt ist, mache meinen Schnelltest und beschließe, zum Ausruhen tatsächlich an den Scharmützelsee zum Haus des netten Ex-Fabrikanten zu fahren. Ich telefoniere mit meinem Teamleiter Udo und erstatte Bericht, gehe mit den Hunden in den Park und ärgere mich wegen meiner tränenden Augen und irgendwelcher Hautentzündungen. Dann fahre ich nach Reinickendorf zu einem Servicetermin und repariere einem Zeitungskiosk-Kunden seine Kamera, alles ganz leichtfüßig. Nur leider will das Ordnungsamt meinen Wagen abschleppen, weil ich mal wieder nicht auf die Parkverbotsschilder geachtet habe. 150 Glocken. Champ, meine liebe Frau, bekommt nie einen Strafzettel. Sie ist sehr umsichtig mit unserem Geld und erschrickt immer, wenn ich am Monatsende so viel an den Polizeipräsidenten überweise.

Ich komme müde nach Hause, bummle herum und gebe mir eine Anerkennung. Jetzt wird lecker Eis mit der Familie schnabuliert und eine grandiose Miniserie mit Michael Douglas über einen gescheiterten Hollywoodschauspieler geschaut: „The Kominsky Method".

Letzten Monat war ich in Berlin der beste Verkäufer, diesen Monat werde ich wohl knapp darunter liegen. Senad, der Kunde aus Bukow, ruft an. Mein Angebot gefällt ihm, aber er versucht, weiter zu verhandeln. Ich kann ihm jedoch nicht noch mehr Rabatte geben. Ich werde die Anlage an meinem Geburtstag installieren müssen, weil Monatsende ist. Er hat aber auch zehn Empfehlungen für mich, also werde ich für ihn noch die eine oder andere Überraschung heraussuchen. Technischen Schnickschnack, den ich im Internet besorgt habe, so etwas schenke ich meinen Kunden einfach zu gern. Aktuell habe ich eine sehr leistungsstarke Powerbank im Angebot, „en gros" gekauft – und damit ein sehr erfreuliches Schnäppchen gemacht.

29. April 2021. Die dritte Welle der Coronapandemie ist noch nicht überwunden. Die Zahlen sind zu hoch. Zu viele Menschen liegen auf Intensivstationen.

Mittlerweile sind über 20 Millionen Menschen in Deutschland zum ersten Mal geimpft. Bundesjustizministerin Christine Lambrecht legt einen Entwurf vor, der Geimpfte nicht nur von Tests, sondern auch von Ausgangs- und Kontaktbeschränkungen ausnehmen könnte.

Burtzeltag! Senads Ehefrau aus Bukow hat einen Geburtstagskuchen für mich. Ich komme bei der Installation gut voran und helfe noch rasch bei der Bestellung eines neuen Routers und eines günstigeren Internettarifs beim „Magenta-Riesen". Irgendwann erzähle ich aus meinem Leben. Meine Kunden buchen noch eine Außenkamera dazu (keine Ahnung, was da der Auslöser war). Die muss ich nachträglich ins System einbinden, weil wir erst auf den besseren Router warten müssen.
Zum Abschluss gibt es die obligatorische Einweisung in die Bedienung der Anlage. Ich lasse die Kunden sogar einen Einbruchsversuch durchspielen und bitte sie eindringlich: „Lasst *uns* die Arbeit machen. Wir sehen im Falle eines Einbruchs alles und hören alles von unserer Leitzentrale aus. Wir schrecken die Eindringlinge angemessen und wirksam ab, zum Beispiel mit der Rauchmaschine, die da im Flur bei euch hängt! Wir schicken sofort die Polizei und den Wachschutz auf den Weg. Bitte nehmt *ihr* eure Kinder, zieht euch ins Schlafzimmer zurück und schließt die Tür hinter euch ab. Spielt bloß nicht die Helden!"

Früher Nachmittag, ich bin fertig mit allen Installationen für April und fahre zu meiner lieben Mama, um weiteren Kuchen zu essen und mich feiern zu lassen. Wir kommen heute coronabedingt in zwei Etappen zusammen. Champ und unser lieber Sohn erwarten mich zum Abendessen.

Draußen auf der Straße ist ein Heidenlärm. Zum dritten Mal demonstrieren deutsche Bauern auf ihren Traktoren und blockieren die Innenstadt.

30. April 2021. Am Vorabend des 1. Mai erlassen mehrere Städte aus Infektionsschutzgründen ein Verbot von Demos.

Wir sind weiterhin für unsere Kunden unterwegs.

Du hast mir heute Nacht wieder Deine Taube im Traum geschickt, sie spricht mit mir. „Beginne, Du selbst zu sein!" Das wünsche ich mir, doch kann ich nicht loslassen!

Etwas Restarbeit steht an und ich muss durchziehen, was auf dem Plan steht, zum Beispiel die Inventur des gesamten Materials, das sich im

Auto befindet. Dafür geht es ab ins Büro. Was ist das in meiner Brust? Was tut da weh und was treibt mich dazu, die Dinge am Laufen zu halten? Ich könnte doch genauso gut einfach zusammenbrechen. Was ist denn eigentlich der Plan? Bist Du da?

Auf dem Weg ins Büro mache ich Kundentelefonate, dann die Inventur im Fuhrpark – alles raus aus dem Auto. Es fehlen Kleinigkeiten in meinem Sortiment. Ich bekomme leichte Panik, fahre anschließend nach Hause, um Koffer zu packen und kurz zu überprüfen, ob Champ und Silvester alles im Kühlschrank haben, was sie brauchen, wenn ich unterwegs bin. Silvester kommt aus seinem Zimmer. Mir wird klar, dass er den ganzen Tag wieder fleißig war: Sport, Lernen, Klavierspielen und Homeschooling. Eine neue Generation von durch Not gestärkten Menschen wächst heran. Silvester ist selbstbewusst und durchorganisiert und gleichzeitig voller Sehnsucht nach der geraubten Freiheit. Die Ungeduld spüre ich an seiner Körperspannung. Ich bin stolz auf ihn.

Auf nach Jüterbog, um meinen Kunden Torsten zu treffen und auch sein Möbelhaus anzuschauen. Torsten ist ein prima Kerl. Wir mögen uns wirklich sehr. Er und seine Familie haben mir neulich große Freude bereitet bei meiner Installation in ihrem Zuhause, denn zum Schluss, als ich auf der Leiter stehe, um die Rauchmaschine zu sichern, höre ich Torsten hinter mir: „Ich habe da noch eine ganz andere Idee, was du und ich in Zukunft gemeinsam machen könnten. Du und unser Möbelhaus, vielleicht ergibt sich da etwas!" Jetzt bin ich also mit dem Möbelhaus von Torsten verbunden – und bekomme einen Freund dazu.

Du bist allgegenwärtig.

Zwei Stunden später höre ich auf meinen Instinkt und Deine Hinweise, fahre zu meinem Hausarzt und werde für arbeitsunfähig erklärt, mein Herz ruckelt.
    Ich fahre jetzt mit den Hunden (die sind immer dabei) zum Scharmützelsee in das hoffentlich schöne Haus. Gerade kommt eine SMS aus Düsseldorf: „Markus, die Sonne scheint. Ich möchte etwas Schönes

unternehmen. Kommst du mit schwimmen im Rhein, nur so ein bisschen planschen am Paradiesstrand beim Fernsehturm?" Ich habe wohl vergessen, meinem Kollegen Bescheid zu geben, dass ich gar nicht in seiner Nähe bin. „Bald komme ich wieder nach Düsseldorf, mein Freund. Jetzt nicht, aber bitte grüße den alten Rhein und schwimme eine Runde für mich mit. Aber nur in Ufernähe!"

01. Mai 2021. Tausende Krebserkrankungen sind laut einer Analyse während der Coronapandemie unentdeckt geblieben.

Heute ist der Tag der Arbeit – und ich bin ja Arbeiter! Da fällt mir ein, dass ich neue Schrauben, Dübel und eine Arbeitshose brauche. Aus meiner privaten Cordhose fällt der Hammer ständig zu Boden und meine Hosenträger sind ausgeleiert von dem vielen Gewicht in den Hosentaschen. Ich schleppe alles Mögliche mit mir herum. Und für meinen Kopf brauche ich manchmal auch zusätzlichen Speicherplatz, einfach zu viele Ideen.

Jedes Mal, wenn ich ein neues Alarmanlagensystem bei einem Kunden programmiere, fallen mir tolle Sachen ein, um es noch einfacher und praktischer zu machen. Zum Beispiel könnte man die Telefone von Einbrechern mithilfe eines WLAN-Routers identifizieren. Verbrechen lohnt sich wirklich überhaupt nicht, finde ich – und erfahre wenig später in einer Radiosendung, so etwas kommt 2022 tatsächlich auf den Markt! In Zukunft sollten Einbrecher ihre Telefone also besser im Fluchtauto lassen, denn es fehlt nur noch das entsprechende Gesetz. Dann fällt die letzte juristische Hürde, die Kriminelle bislang aus Datenschutzgründen vor einer digitalen Identifizierung auf frischer Tat schützt. Wenn sich dann ab 2022 ein Krimineller mit seinem Telefon zum Zeitpunkt eines Überfalls direkt im engsten Radius eines privaten WLAN-Geräts befindet, kann er oder sie überführt werden, auch wenn das Telefon aus ist.

02. Mai 2021. In der indischen Hauptstadt Delhi ist ein Luftwaffentransport mit 120 Beatmungsgeräten und Medikamenten aus Deutschland eingetroffen. Das Land ist im schlimmsten Ausnahmezustand, den man sich gar nicht vorstellen möchte.

Licht in die dunkle Vergangenheit bringen, das fällt mir hier am Scharmützelsee in Wendisch Rietz selbst bei Wind und Regen gar nicht schwer. Es ist wunderbar hier, ein kleines, feines Haus mit viel Licht und einem großen Schreibtisch. Der See ist drei Minuten entfernt und meine Hunde können im Garten turnen und sich sonnen. Ich werde draußen viermal am Tag durchgeblasen, beginne sofort mit Ausruhen und erinnere mich episodenhaft an die dunklen und hellen Räume meiner Künstlerkarriere. Die Räume, in die ich Licht gebracht habe, sind mir am liebsten – und schon bin ich eingeschlafen.

Ich träume von meinen Firmenkollegen, wie sie mich zum Betriebsrat wählen und wie wir bei der ersten Onlinebetriebsratssitzung von der Firmenzentrale gehackt und anschließend gekündigt werden. Die Firma verschwindet aber in der Folge auch vom Markt, weil die übersehen haben, dass ohne uns nichts läuft.

Mein Traumtagebuch ist voll. Ich beginne ein neues, das ich mir vorsorglich noch in einer Papeterie besorgt habe. Bei meiner Arbeit als Sicherheitsexperte tut sich in letzter Zeit etwas, da kommt so einiges ans Licht, selbstverständlich auch Erfreuliches, aber vieles regt zum Nachdenken an. Ich sehne mich nach einer überschaubaren Arbeitssituation und zuverlässigen Aussagen und Verabredungen. Absprachen sollten besser eingehalten werden, Kunden sollten nicht enttäuscht werden und ich sollte nicht so viel im Nachhinein ausgleichen und korrigieren müssen, denn dabei gehen Leichtigkeit und Selbstverständnis schnell verloren. Die Firma ist im Prinzip prima und die Produkte sind smart und sicher. Wenn aber das Selbstverständnis wackelt, tritt das Wesentliche in den Hintergrund. Und ich erkenne, dass ich definitiv zu viel hinterher erklären muss.

Ein fertiges Produkt wird immer dann zu einem Masterpiece, wenn der Schöpfer authentisch handelt, wenn mit leichter Hand verkauft und mit leichter Hand installiert werden kann. Mit Schöpfer meine ich Handwerkerinnen, Künstlerinnen oder Denkerinnen. Etwas, das funktioniert, lässt sich leicht in Betrieb setzen. Abläufe, die eine klare Linie haben, sind effektiv und gute Ergebnisse sprechen für sich – man muss nichts interpretieren oder kommentieren! Das ist der Weg zu Qualität und Vertrauen.

Habe ich eigentlich meine Leiter gestern nach der Installation wieder ins Auto gepackt? Morgen werde ich es herausfinden. Die Leiter wird ihren Weg zu mir zurückfinden. Ich fahre meilenweit für meine Leiter.

Handwerk und Kunst sind verwandt. Einige Virtuosen schaffen tatsächlich, mit Hingabe und Begabung ihre Arbeit zu leisten. Zum Beispiel hat eine Freundin von mir, die heute Leiterin einer der innovativsten Musikschulen Berlins ist, eine zugleich effiziente und künstlerisch anspruchsvolle Lösung für ihre Kunst gefunden! Als ich Nathalie kennenlerne, habe ich gerade mein Abitur in der Tasche. Sie gehört zu einer Gruppe von begabten jungen Menschen, die wie ich ihren Weg in der Kultur finden.

Ich sehe Nathalies wuschelige Locken vor meinen Augen und ihren wachen Blick. Eines Abends spielt sie mir etwas auf dem Klavier vor, das Andantino von Chatschaturjan. Das Musikstück ist relativ einfach gestrickt, aber intensiv, dezent interpretiert und individuell phrasiert, sodass ich ausrufe: „Du musst Berufsmusikerin werden!" „Danke für das Lob", entgegnet sie. „Deswegen habe ich dir das nicht vorgespielt. Mir gefällt das Stück, aber ich frage mich, ob ich es richtig verstanden habe! Ich verliere manchmal den Kontakt zum Kern des Stückes. Wenn mir auf halbem Weg der rote Faden wieder begegnet, kann ich ihn nicht mehr aufgreifen, weil ich das große Ganze aus dem Auge verloren habe."

Aha! Mein Handwerkszeug verschwindet auch manchmal in meinem Auto, das wie ein kleiner Schützenpanzer tagsüber über die Straßen rollt. Abends packe ich Decken über die Ware, um keine Diebe anzulocken, und beim Stopfen und Schnüren der Decken verschlucken die Hohlräume im Wageninneren immer wieder Schraubenzieher, Batterien, Kleinteile oder Kostenvoranschläge. Wenn ich etwas nicht gleich finde, werde ich von Natur aus wuschig. Ich weiß aber, dass alles spätestens bei der Inventur am Ende des Monats wiederauftaucht. Das alles hat Zeit – bis auf die Kostenvoranschläge, die muss ich sofort wiederfinden, damit ich nicht das große Ganze aus den Augen verliere. Da hilft kein Improvisieren.

Improvisieren – eine hohe Kunst, bei der sich Genie und Wahnsinn paaren. Jazzmusiker kennen diesen einen Moment, den sie erfühlen müssen, um loszulassen und ganz frei von allen Konventionen zu spielen. Nicht jeder Zuhörer kommt da geschmacklich noch mit, aber es hört sich meistens interessant an.

Ich kenne mich in der Kunst des Musizierens durch meinen Vater Heinrich aus. Er war Berufsmusiker, übte jeden Tag Cello. Ich konnte oft nachvollziehen, wo der Haken war, wenn er an einer Stelle nicht weiterkam. Er war ein Virtuose. Das zähe Üben hatte einen spürbaren Effekt, aber immer lebte sein Spiel erst richtig auf, wenn er losließ. Heute würde ich sagen, er war dann im Flow.

Bei meiner Freundin Nathalie ist die Virtuosität (für ihre Verhältnisse) Nebensache. Bei ihrem Spiel an jenem Abend belebt sie eine kleine musikalische Geschichte für mich. Sie macht ungewöhnlich spannende Pausen. Ihre Phrasierung und die Ritardandi faszinieren mich und nehmen mich mit. Ihre Reise wird zu meiner, denn sie berührt mich mit ihrem Spiel.

Apropos Pausen, ich könnte in der Firma ja einmal etwas sagen wegen der Unterbrechungen in der Installationsroutine, die durch die nervigen Software-Updates immer häufiger auftreten, während wir Installateure eigentlich weiterarbeiten möchten. Wenn die Firmenserver down gehen, ist Markus schweißgebadet und seine immer röter werdenden Augen sehen furchterregend aus. Die wohlmeinenden Worte der Kunden helfen da auch nicht mehr. „Das dauert aber lange, armer Markus!" Ja, das tut es! Es ist zwar bezaubernd, wenn eine Kundin mir mit aufmunternden Worten einen süßen Kaffee reicht, aber Kaffee auf der Arbeit ist nichts für mich! Richtig unterhaltsam wird es, wenn ich wie neulich trotzdem einen trinke und daraufhin mit einer Herzattacke von der Leiter falle, die Bohrmaschine in der Wand stecken bleibt, während ich mich daran festhalte und im Fallen die Wand beschädige. Nicht gerade virtuos, aber unterhaltsam.

Nathalie! Ich finde, Nathalie hatte damals einen interessanten Schwung bei ihrem Klavierspiel. Sie ließ einen dezenten Schmerz einfließen, einen Schmerz, den sie von irgendwoher zu kennen schien, und erreichte durch Einfachheit eine ganz besondere Intensität. Nicht mehr zu wollen, als das Stück hergibt, war ihre Stärke.

Einfaches Installieren ist wie eine flüssige Pirouette beim Tanzen, eine schnelle Folge von Triolen beim Klavierspielen, eine geübte Routine mit hohem Tempo. Stockt das Tempo, kommt Unsicherheit ins Spiel. Ich beginne in solchen Momenten gedanklich abzudriften. Das große Ganze fliegt mir um die Ohren. Eine schwierige Installation lässt sich digital in der App korrigieren, hinterlässt aber einen bitteren Nachgeschmack beim Installateur.

Bei der letzten Schulung lernte ich viel über Stromspannung und komplizierte Schaltungen von Niederstromgeräten in Wechselstrombetrieben, rechnete die Werte mit dem Taschenrechner aus, welche ich für sogenannte Vorsicherungen benötigte, und war plötzlich mathematisch bewandert. Ich müsste diese Schulung für meine Firma nicht machen, aber wenn ich beruflich weiterkommen möchte, ist das Standard.

Nathalie hat bis heute meinen Input von damals nicht vergessen, spricht davon, wie wenn sie eine Lichtquelle zusammen mit vielen anderen Lichtern durch ihr Leben trägt. Sie ist Künstlerin, Dozentin und Inspirationsquelle für die Menschen, mit denen sie arbeitet – und sie hat Klasse. Klasse existiert, wenn das Handwerk beherrscht wird.

Die Freude am Klavierspielen habe ich mit 17 Jahren verloren, weil ich mir nicht mehr genug Zeit zum Üben nahm. Ich trainierte damals parallel für den Leistungssport Rudern. Meine Fingergelenke entzündeten sich dadurch und ich resignierte. Ich bin erblich vorbelastet, denn in der Familie meines Vaters geht Polyarthritis um. Man kann die Entwicklung der Krankheit beeinflussen, wenn die Ernährung angepasst wird, aber das war 1980 noch nicht angesagt. Stattdessen standen reichlich Drogen auf dem „Speiseplan". Ich lernte sie alle kennen. Im Nachgang bleibt eine Erkenntnis hängen: Es macht Sinn, die Entdeckung neuer Möglichkeiten hintanzustellen, bis man sich selbst entdeckt und seine Leidenschaft für etwas zunächst nahezu bis zur Vollkommenheit ausgebaut hat.

Ich war bei meiner Arbeit als Installateur mit dem Bohren und Dübeln anfangs etwas auf Kriegsfuß, hatte Angst, Stromleitungen zu treffen, und drückte mich davor, den Bohrer einzusetzen. Später kaufte ich mir ein Messgerät – in meinem Werkzeugkoffer gab es keines –, das zwar keine hundertprozentige Sicherheit verspricht, aber ich vertraue jetzt einfach darauf! Das ist eine gute Übung, denn Vertrauen ist nicht meine Stärke, jedenfalls keine, die ich von Geburt an habe. Ich hatte als Kind wohl oft Angst, zu kurz zu kommen, ob nun berechtigt oder einbildet. Mein kleiner Hund Utzy spiegelt mich und diese Ängste. Utzy ist drei Jahre alt und ständig in Sorge, er könnte zu wenig zu essen bekommen. Wenn ich mich über sein maßloses Verhalten beim Essen aufrege, rege ich mich also über mich selber auf. Solange ich darüber lachen kann, ist alles gut.

Ich habe Mittel und Wege gefunden, um mich selber auszurichten. Wenn ich morgens auf Schicht gehe, sagt die freundliche Stimme in meinem haarigen Bordcomputer auf dem Hals: „Selbst wenn dieser Tag finster wird, werden meine Sterne später umso heller leuchten. Heute ist meine Vergangenheit ein Teil von mir und damit ein Schlüssel und nicht der Riegel für Lösungen." Ich habe mir meine Defizite nicht ausgesucht und bei meiner Geburt keinesfalls gerufen: „Alle Probleme dieser Welt – bitte zu mir herüberkommen."

03. Mai 2021. Ich wache im Haus am Scharmützelsee auf und frage mich: Warum habe ich angefangen, bei dieser Firma zu arbeiten? War ich neugierig? Warum bin ich Sicherheitsexperte und Installateur? Weil ich es kann. In einer Bewertung über mich steht, dass ich folgende Soft Skills habe: Anpassungsfähigkeit, Kontaktfreude, selbstständige Arbeitsweise, Sorgfalt, Teamfähigkeit, Zuverlässigkeit.

Ich wandere nach dem Frühstück zum Wasser, die Hunde an meiner Seite. Der eine sportlich und schwarz, Tobi, mein Großer. Er ist sehr gemächlich, weil er ja so vornehm ist. Und der andere, Utzy, der helle Kleine, ist sich selbst genug und gleichzeitig fürchterlich mit der Welt beschäftigt, die er komplett aufessen möchte.

Am Wasser ist eine Mauer, gegenüber noch eine. Die Hunde legen sich auf den Sims. „Komm her, Utzy!" Beide gucken mich an und ich habe Angst, dass sie versehentlich zu schnell aufspringen und herunterfallen. Da sie beide mit „i" enden, fühlen sich ständig beide angesprochen, wenn ich einen rufe. „Utzy, komm jetzt hierher, hierher, noch ein bisschen! Nein, nicht du, Tobi. Du nervst! Utzy, du auch!" Utzy rutscht immer weiter auf dem Sims. Irgendwann wird er hineinfallen, wenn ich nicht aufpasse.

Eine SMS aus Düsseldorf: „Möchte du eine Jahreskarte für das Strandbad Düsseldorf-Lörick haben? Ich bekomme die für die Hälfte!" Ich zögere mit meiner Antwort und vertiefe mich lieber in ein spannendes Hörbuch. Die deutsche Regisseurin Doris Dörrie hat ein Buch über das Schreiben verfasst: „Leben, schreiben, atmen". Es ist inspirierend. Auch ihre Stimme geht mir unter die Haut. Gleichzeitig schreibe ich mein eigenes Buch und kümmere mich nebenbei ein kleines bisschen um meine Arbeit als Alarm- und Sicherheitsexperte. Hier muss noch eine Rechnung korrigiert, da diplomatisch taktiert werden. Markus, mach mal, heißt es täglich, wenn ein Problem in die Chefetage getragen werden muss. Markus kann das. Der hat einen guten Draht zu denen da oben. Ruf den Markus an.

Mir gefällt, dass meine Kunden mich weiterempfehlen. Aber es ist blöd, während meiner Auszeit am Scharmützelsee auch Akquise zu machen, weil hier so fette Häuser stehen. Ich werde doch jetzt nicht, wo ich krankgeschrieben bin, Villenbesitzern Alarmanlagen verkaufen!

Was mache ich hier gerade? Ich halte mich von den Installationen fern, das ist der Sinn.

Ich sitze im Freien, Utzy ist eingeschlafen (viel zu nah am Simsrand!) und drüben auf der anderen Seite ist eine riesengroße Wiese mit einem Rasenmähroboter, den Tobi die ganze Zeit anguckt. Tobi beobachtet den Rasenmäher und ich die Wiese. Da steht ein riesiges Haus oberhalb der Wiese und auf den Nachbargrundstücken links und rechts daneben stehen ebenfalls Häuser – die sind alle groß und ungeschützt und sehen fürchterlich nackt aus, so ganz ohne Alarmanlage. Ich merke gerade, dass ich noch viel intensiver gucken kann als mein Hund Tobi. Tobi hat jetzt die Fische im Wasser entdeckt und der Rasenmäher ist Schnee von gestern. Ob er wohl einen Fisch fängt? Ich freue mich schon darauf.

Utzy fällt gleich ins Wasser und mein Interesse an den Häusern verwandelt sich in Interesse für Poolüberdachungen. Ich texte meinem Kollegen in Düsseldorf: „Ich baue mir im Alter ein überdachtes Schwimmbad auf einer großen Wiese und ringsum ist nur Landschaft, sonst nichts! Bitte keine Jahreskarte für mich. Viel Freude beim Planschen!"

Ich erinnere mich an den 31. Dezember 2019. Schon am Anfang der Pandemie war klar, dass ich keinen Stillstand aushalte. Nichtstun kommt für mich nicht infrage. Ich kontaktierte ja auch gleich in der ersten Woche die Alarmanlagenfirma dank der Facebook-Anzeige: „Komm vorbei, wir suchen Mitarbeiter!" Ruhe aushalten, um zu erkennen, wo ich stehe? Lieber hinaus ins Arbeitsleben. Geld muss verdient werden – ich habe viele finanzielle Baustellen –, das muss einfach sein! Nur nicht über eine eventuelle Kur nachdenken, womöglich etwas für die Gesundheit tun. Ein Jahr später mache ich genau das, zwar keine Kur, aber die Zeit am Scharmützelsee tut mir eindeutig gut.

Utzy wäre fast ins Wasser gefallen. Zum Glück habe ich ihn festgehalten. Nur seine Ohren sind nass geworden. Übrigens, danke, dass Du mich hältst.

Heute will ich einen gründlichen Hausputz machen. Die Hunde und ich tragen immer viel Sand ins Haus, den ich wegwische. Autsch, beim Bücken komme ich nicht mehr hoch und stoße einen markerschütternden Schrei aus, was aber auch nicht hilft. Ich lege mich flach auf den Boden und mache, wie so oft, eine dieser fünf sensationellen tibetanischen Dehnungsübungen, die mir mein Chiropraktiker gezeigt hat – oder war das der Osteopath, der Orthopäde oder der Veterinär? Während ich darüber sinniere, schlafe ich wieder ein. Mein Traum ist kurz und handelt von einem Quickie mit meiner Kinesiologin, sie hat Termindruck.

Wieder wach, beschließe ich, eine Markus-Inventur zu machen. Gleichzeitig habe ich ein bisschen Angst davor, versehentlich aufzuschreiben, wer ich wirklich bin, wer ich immer schon war. Ich brauche nur einen Tag Ruhe und schon setzt die Entspannung ein. Zuerst in der Muskulatur, dann im Kopf. Was muss, das muss. Ich habe keine Ahnung, wo das hinführt, aber eines ist klar: Ich habe das noch nie öffentlich gemacht.

Die Entspannung führt dazu, dass mein Verstand weichgespült wird – und morgen weiß die ganze Welt, dass ich mich jeden Tag untenrum pudere und mir bei einer ungeschickten Hüftdrehung wahrscheinlich vor zwei Stunden einen weiteren Lendenwirbel verknackst habe.

Das Hörbuch von Doris Dörrie macht mir Mut. Sie empfiehlt müden Schriftstellerinnen und Schriftstellern, einfach weiterzuschreiben, eine Stunde, zwei Stunden sitzen zu bleiben und zu schreiben. Sie nennt das „schreibend etwas von sich erzählen".
Ich erzähle also, was passiert, in genau diesem Augenblick. Was passiert? Ich werde nichts korrigieren, einfach drauflos erzählen, das, was den Moment ausmacht. Sie sagt: „Geh in den Tunnel rein und schaffe, schaffe, schaffe. Nicht nachdenken! Zeige, wer du bist."

Wenn ich jetzt hier auf der Wiese sitze, zu meinen Füßen die Hunde, dann entspannt sich mein Körper nach und nach, meine Füße, meine Hände und mein Kopf werden leicht, ganz leicht ...

Etwas, was ich noch nie erzählt habe, kommt hoch. Ich bin auf der Buchmesse 2012 und höre Margot Käßmann, ehemalige Ratsvorsitzende der Evangelischen Kirche in Deutschland, über eines ihrer Bücher sprechen. Sie erzählt, wie sie als Kind in der Küche Kekse aus einer Dose klaut und ihre Großmutter sie erwischt und fragt: „Margot, glaubst du an den lieben Gott?" Margot antwortet: „Ja, klar! Ich glaube an den lieben Gott." Die Großmutter fragt: „Margot, glaubst du denn auch, dass Gott alles sieht?" Darauf antwortet Margot: „Klar sieht der alles, aber er petzt nicht." Ich habe ähnliche Szenen mit meiner Großmutter erlebt. Ein halbes Jahr später auf dem Kirchentag in Augsburg. Margot Käßmann ist vor mir im Interview dran, live vor 16.000 Menschen – ich stecke noch im Autobahnstau –, und erzählt genau diese Keks-Geschichte. Danach bin ich dran und erzähle sie ebenfalls.

Wenig später sagt eine Pressebetreuerin zu mir, das sei ja merkwürdig, Frau Käßmann und ich hätten dieselbe Geschichte erlebt. Ich drehe mich verwirrt um und sehe hinter mir Margot stehen, die mich von oben bis unten mustert. Ich glaube, so ähnlich war es. Der Kern der Geschichte hatte sich bei mir als Keks verfangen! Ich habe den Keks quasi teilweise von Margot komplett gestohlen und bitte um Verzeihung.

Jetzt weiß ich wieder, warum ich vor der Ruhe im Leben wegrennen möchte. Ich will mich stattdessen immer mit „tun, tun, tun" dichtmachen. Das macht mich aus und ich liebe mich auch dafür, trotz der Angst, weil ich nicht weiß, wohin das letztendlich führt.

05. Mai 2021. Das Bundesverfassungsgericht lehnt Eilanträge gegen die nächtliche Ausgangsbeschränkung im Infektionsschutzgesetz ab. Der Bund stellt zwei Milliarden Euro bereit, um Coronafolgen für Kinder abzufedern.

Ich bin ein Sonnenschein, der zum Feierabend sein Zuhause durchflutet, kurz über die Tagesdecke seines Bettes wandert, zusammen mit einer Tafel Schokolade, um dann als doppelter Sonnenschein, weil der Blutzucker steigt und Geist und Körper auf einem plötzlichen Energiehoch sind, in die Dämmerung zu fallen. Die Müdigkeit hält Einzug. Es ist 19 Uhr und ich bin vollkommen zerschossen und mittlerweile ein Sonnenuntergang.

06. Mai 2021. Die Coronazahlen gehen runter. Die sogenannte Notbremse und auch alle anderen aktuellen Maßnahmen scheinen zu funktionieren. Die Bundesregierung hat beschlossen, die Impfung mit AstraZeneca unabhängig von der Priorisierung freizugeben. Nach Aufklärung durch den Arzt und eigener Risikoabwägung soll es jedem möglich sein, sich damit impfen zu lassen. Die Risiken sind bekannt, werden aber in Kauf genommen.

Utzy und Tobi sind heute gut drauf. Ich bin voller Tatendrang, komme mir vor wie ein Polizist, der zu seinem nächsten Mordfall gerufen wird. Aufstehen, kaltes Wasser über den Kopf, Kaffee und los zum Tatort, das Diensthandy einschalten und lauern. Yep! Die neuen Kunden von gestern haben gekauft. Eben geben sie mir per SMS Bescheid.

Ich bin verrückt. Da hilft nur Kontakt zu Jürgen, meinem Mentor, denn ich weiß, das lindert mein Kopfkino. Jürgen kennt mich wirklich gut. Ich erzähle ihm von meinem Druck, das heißt, ich schicke ihm eine Sprachnachricht, weil ich Schiss vor dem Feedback habe. Sonst rufe ich ihn immer an, damit wir uns direkt austauschen können. Jetzt sitze ich hier und warte auf ein Zeichen von ihm. Er arbeitet gerade in einer Sozialeinrichtung, läuft wahrscheinlich zu einem der Bewohner und hilft ihm bei seinen täglichen Erledigungen. Jetzt kommt ein Emoji, gefaltete Hände. Er sagt danke. Okay. Später wird er anrufen.

Auf der Arbeit läuft es gut für mich. Ich halte meine Verkaufsziele stabil, baue ein gutes Kundennetzwerk auf, bin sozialversichert, krankenversichert, mobil und komme mit dem Gehalt zurecht. Sieben bis neun verkaufte Anlagen pro Monat und eine dementsprechende Anzahl Installationen sind überdurchschnittlich und halten die finanzielle Lage der Familie stabil. Mein Kundennetzwerk wird immer effektiver und die Verbindung zu meinen Kunden und ihre zahlreichen Empfehlungen sind konkret an mich geknüpft. Die Kunden freuen sich über mich und vertrauen mir. Das ändert aber nichts an meinen Ängsten, dass bei Installationen oder den Abrechnungen etwas schiefgehen könnte. Werden mich meine Ängste einholen und mein Herz zum Rasen bringen?

Meine Gefühle und meine Erfahrungen als Sales-Experte und Installateur beeinflussen auch mein Privatleben. Wie viel Zeit habe ich morgens, um mit der Familie zu frühstücken? Wann ist das nächste Teammeeting? Schaffe ich danach noch die Installation? Und kann ich zwischendurch nach Hause, um dem Jungen Mittagessen zu machen? Ich bringe das alles zusammen, meine Majolo-Schauspielschule obendrauf, die Sprachförderung im Divan und das Theaterspielen.

Mein Chef René Heinersdorff hadert seit Wochen mit seinen Öffnungs- und Schließungsplänen. Ich rufe ihn an, er nimmt nicht ab. Noch ist nicht klar, ob wir Anfang Juni 2021 unsere Proben in Essen haben. Wenn ja, wie soll ich das mit meiner Arbeit als Sales-Experte und den anstehenden Installationen vereinbaren?

Mein Magen knurrt, die Hunde wollen bestimmt auch gleich raus. Ich schnappe mir mein Smartphone, das so lieb zu mir ist und ich zu ihm. Aufgeräumt habe ich alle Apps und die Rubriken eingerichtet, schön übersichtlich ist jetzt alles. Ich spiele ein, zwei Runden Backgammon, das mache ich jeden Tag. Na, wenn es sonst nichts ist!

Endlich erreiche ich den zweiten Kunden von gestern, der hat eine Baufirma und ein tolles Netzwerk. Cooler Typ. Gleich sagt er bestimmt: „Wann kannst du installieren?" Nein, doch nicht. Seine Frau ist gegen eine Alarmanlage, egal welcher Art. Ich bekomme leichten Schüttelfrost. Eben dachte ich noch, das wird mein bester Netzwerker – und jetzt das. Er erzählt von seinen Freunden und dass einige interessiert sind. Er werde sich bei mir melden, ich solle geduldig sein. Der kommt auf meine grüne Liste im Arbeitsbuch, die Hoffnungsliste, und auf meiner Landkarte von Brandenburg kommt eine rote Nadel in die Wand. Habe ich schon von meiner Bürokammer zu Hause erzählt? Die ist ganz hinten in unserer Wohnung und sehr klein. Es gibt dort zwei Landkarten an den Wänden, eine normal große von Berlin und eine riesengroße von Brandenburg. Beide habe ich im Internet bestellt. Ich habe viele kleine Fähnchen und Sticker und Zettel und Listen und damit schaffe ich mir eine übersichtliche Unordnung von allem, was so ansteht. Also, nicht verzweifeln!

Warum mache ich mir so einen Druck? Gerade schreit mein Hirn: „Ich kann den Wald vor lauter Bäumen nicht mehr sehen!" Kann mir vielleicht jemand helfen, die Bäume vom Wald zu unterscheiden? Ich versuche, Feuer auszutreten und Felsen und Fallgruben zu umgehen. Bitte, Gott, schenk mir Mut, mit jemandem Tacheles zu reden. Warum ruft Jürgen nicht zurück? Ob Krise oder nicht, das Leben geht immer irgendwie weiter, auch wenn ich noch so sehr versuche, zu verzweifeln. Mein innerer Saboteur rät mir: „Hör auf, du selbst zu sein. Du musst eine Maske tragen da draußen, als Schutz gegen die Feinde." Der fröhliche Markus hält dagegen – „Feinde? Für so was habe ich gar nicht die Nerven!" – und stolpert weiter durch sein Leben.

Ich laufe voll bepackt mit den Hunden in Richtung Auto. Tobi und Utzy bleiben brav auf dem Bürgersteig sitzen und ich versuche, das Auto zu öffnen, während ich acht Einkaufstüten in den Händen habe. Alle acht Tüten stellen sich von selbst ab – und plötzlich schüttet es wie aus Kübeln. Der Regen ist warm, mein Stöhnen hört kein Schwein. Ich versuche, so schnell wie möglich einzuladen. Dabei fällt mir der Schlüssel unter das Auto. Die Hunde liegen inzwischen in einer kleinen Pfütze und gucken mich sehnsüchtig an. Als wir endlich im Auto sind, beschlagen die Fensterscheiben. Wir brauchen zehn Minuten, bis alles wieder entdunstet ist. Dabei telefoniere ich mit meiner Mama. „Alles in Ordnung, mein Junge? Du hörst dich so bedrückt an." Ich antworte: „Mama, mir geht es blendend. Ich kann frei atmen, habe den vollen Durchblick. Was will ich mehr? Mütterchen, mach dir keine Sorgen."

Sogleich summe ich ein aufmunterndes Lied:

Mir ist so komisch zumute, ich ahne und vermute,
Heut liegt was in der Luft, ein ganz besondrer Duft,
Der liegt heut in der Luft.

Ich könnte weinen und lachen und lauter Unsinn machen.
Heut liegt was in der Luft, ein ganz besondrer Duft,
Der so verlockend ruft.

Das ist kein Alltag, so trübe und grau,
Das ist ein Tag, wie der Frühling so blau.
Das ist ein Tag, wo ein jeder gleich spürt,
Dass noch was passiert.

Ich komme langsam dahinter, warum mein Herz ruckelt: Ich kann nicht akzeptieren, dass ich ein normaler Mensch bin. Ich muss Superman sein: gleich noch Buchhaltung machen, dann telefonieren, Tagebuch schreiben, die Hunde versorgen, mit dem Jungen am Telefon diskutieren und zusammen mit Champ über uns selber lachen, die Krönung eines Tages. Und doch liege ich nachts oft wach und komme nicht zur Ruhe. Ich bitte Champ, mich an die Hand zu nehmen, möchte endlich Qigong praktizieren und meine Mitte finden. Bitte, mein Herz, versuchen wir das?

07. Mai 2021. Ich höre im Radio, die Impfkampagne sei so weit fortgeschritten, dass in der kommenden Woche jeder Dritte mindestens einmal geimpft sein werde. Aber es wird dazu aufgerufen, trotz sinkender Infektionszahlen weiterhin Kontakte zu reduzieren und die Mobilität einzuschränken. Die dritte Welle scheint gebrochen zu sein. Die Zahlen sinken, aber wir sind noch immer auf einem hohen Niveau.

Heute ist ein guter Tag, um ein guter Tag zu sein, wie mein Branch Manager Oscar immer sagt. Es regnet und die weißen Häuser in der Wendisch-Rietz-Siedlung glänzen wie Speck. Die Hunde haben mich liebevoll aus dem Schlaf gestupst, aber wir sind noch etwas länger liegen geblieben. Das Räkeln hat einfach zu viel Spaß gemacht. Dann bin raus mit ihnen Richtung Wasser. Da haben sie sich arg wohlgefühlt.

Bei Sonnenschein ist hier viel los. Ich bin beruflich hier, privat dürfte ich das laut Coronaverordnung gar nicht. Den Respekt vor anderen Menschen und ihren Erwartungen kann ich am Scharmützelsee gut üben. Alle Fragen der Nachbarn werden beantwortet und ich mache höflich Small Talk. Viele fragen nach meinen aktuellen Projekten. Sie reden gern mit mir und ich gebe ihnen Autogramme und Material über Alarmanlagen. Meine Nachbarn hier sind auch alle Handwerker. Die haben die Häuser für sich und ihre Familien zugewiesen bekommen, weil sie gerade viel in der Umgebung instand setzen und renovieren. Die kennen meine Sorgen und Nöte! Sie putzen am Sonntag ihr Auto, ich das Haus.

So ein Tag wie heute wäre super zum Quatschen und Rumalbern mit dem besten Freund. Bei Schokolade, Keksen und einer Tasse heißem Wasser würden wir uns alles von der Seele reden, was uns beschäftigt. Champ ruft an, will mich übermorgen besuchen. Sie war die Erste, mit der ich stundenlang heißes Wasser trinken konnte – und wir redeten manchmal bis zum Morgengrauen. Ich freue mich.

Ich komme gut durch den Tag, schreibe fleißig weiter und freue mich auf die leckeren Restnudeln mit Käse und Spinat von gestern. Jede einzelne Zeile, die ich schreibe, entwickelt sich zu einem Wiedersehen mit dem alten Markus. Leider ist da der Druck, dass ich am Nachmittag noch einmal losmuss in Richtung Adlershof. Und dann kommt der Mittag und ich habe Hunger, mache mir meine Nudeln, ein kleiner Schuss Balsamico dazu. Und Pfeffer, den habe ich frisch gekauft. Schmackofatz! Eine Stunde später beim Spaziergang dreht sich mir der Magen um. Erst fühlt es sich an wie eine Kaugummifabrik und dann schaffe ich es gerade noch so nach Hause. Ich falle jedenfalls gegen 15 Uhr einfach so ins Bett. Ein, zwei Koliken folgen und ich beschließe, den Adlershof-Termin an meinen Coach abzugeben. Ich rufe ihn an. Er tröstet mich und sagt, das kriegen wir schon hin. Ich schlafe ein.

Mein Traum ist der reinste Horror, ich bin im Dschungel an eine riesige weiße Villa gekettet. Vor meinen Augen räumen Einbrecher ihr Diebesgut in einen Hubschrauber und an meinem linken Ohr kreischt eine Alarmsirene.

Um 5 Uhr wache ich schweißgebadet auf und stelle fest, dass mein Telefon unter meinem Ohr auf der Matratze klebt. Die Fenster sind offen und der Wind fegt durch das Haus.

09. Mai 2021. Für vollständig gegen Corona Geimpfte und Menschen, die eine Infektion nachweislich schon durchgemacht haben, sind ab Sonntag, dem 9. Mai 2021 bundesweit wesentliche Einschränkungen aufgehoben.

Sonntag, Champ kommt heute. Glück kommt unverhofft und alles wird leichter, wenn es da ist. Ist jemand „einfach gestrickt", fühle ich mich zugehörig. Eine kleine Leichtigkeit befällt mich und ich möchte mich verbinden. Champ hat diese Leichtigkeit und sie ist gleichzeitig blitzgescheit. Ich bin meistens kompliziert, mache es mir gar nicht leicht. Hier im Haus ist beispielsweise eine Treppe, die muss ich ständig hoch- und runterlaufen, wegen der Hunde – und weil ich meine Sachen gern umstelle. Morgens möchte ich meinen Schreibplatz lieber unten haben, mittags lieber oben, dann wieder unten und abends draußen auf der Terrasse. Tobi und Utzy sind am liebsten oben auf der Galerie und schauen sich mein Treiben gemütlich an, spielen auf dem Balkon oder tollen im Garten herum. Besser wäre es für mich, an einem Schreibplatz zu bleiben. Dafür bin ich wohl zu dusselig.

Treppe hoch und runter. Wir gehen jetzt raus und laufen ein wenig. Das Telefon klingelt. Ein Hamburger Kunde mit einem Tonstudio sagt zu, meine erste Alarmanlage in der Hansestadt wird eingeloggt. Meine Mama ist heute sehr glücklich, weil meine Schwester bei ihr ist. Es ist Muttertag und ich habe mich entschuldigt. Der Wagen von Champ fährt vor. Ich klappe den Rechner zu, mache das Telefon aus und habe endlich frei!

Wir kochen und essen lecker – es ist ein Träumchen – und sind dankbar für die wunderbare Natur, sind fast allein am glitzernden Wasser. Holz knarzt, lange Stege schwappen und Eisen klackt. Die nassen Hunde sind glücklich und unser weiter Blick trifft auf die kleinen Hügel in Richtung Märkische Schweiz. Ich bin mit meiner Frau unter einem blauen Himmel, bin ein Kerl, der gern schmust. Alles andere bleibt ein Geheimnis.

10. Mai 2021. Im Radio sagt jemand aus dem Gesundheitswesen, dass an der geplanten Einführung eines digitalen Impfpasses bis Ende Juni gezweifelt werde. Es deute wenig darauf hin, dass der Ausweis bis zum Beginn der Reisesaison im Sommer flächendeckend verfügbar sein werde.

Manchmal bin ich ein harter Brocken. Wenn etwas nicht so ist, wie ich es gern hätte, schufte ich einfach weiter, bis das Ganze ein bisschen mehr in die passende Richtung geht – und dann frage ich ganz vorsichtig, ob Du möchtest, dass sich da noch mehr bewegt. Als Sicherheitsexperte muss ich vieles neu erfinden, wenn passende Lösungen fehlen. Schlussendlich bleibt mir nichts anderes übrig, als Dich kontinuierlich um Rat zu fragen. In Notfällen kombiniere ich meine Lebenserfahrung mit den modernen Sicherheitslösungen meiner Firma und bin dankbar, wenn etwas Menschenfreundliches dabei herauskommt.

Wenn ich wie heute den Wagen aufräume, halte ich mich an ein bestimmtes System, damit ich nichts durcheinanderbringe. Der Wagen könnte öfter ausgesaugt werden, aber meine Sachen stehen so klug angeordnet, dass ich mich nicht traue, mit dem Staubsaugerstängel dazwischenzufunken. Sicherheit und Alarmtechnik in einem großen internationalen Konzern, das ist ein Haifischbecken. Da wirst du nur erfolgreich, wenn du total strukturiert bist, fleißig auf den Verkauf guckst und durch eine übersichtliche Ordnung deines Arbeitsmaterials für alle Eventualitäten vorbereitet bist.

Mein frecher Kollege aus Düsseldorf ruft an. Er macht sich Sorgen, die Schwimmbäder könnten womöglich nie wieder aufmachen. Das Theater ist ohnehin schon in die ferne Zukunft gerutscht. Am kommenden Mittwoch werden wir besprechen, wann wir überhaupt wieder spielen werden. Unser Chef René Heinersdorff, der in Essen, Düsseldorf und Köln die Theater leitet, möchte so schnell nicht aufmachen, weil er schon zu oft zurückgepfiffen wurde von Politik und Behörden. Viele Kollegen vergessen bei dem ganzen Durcheinander und dem Stillstand während Corona immer wieder: Für einen Privattheaterleiter wie René ist es einfach zu teuer, immer wieder an den Start zu gehen und dann doch nicht aufmachen zu dürfen. An den Staatstheatern ist das etwas völlig anderes.

Die verpulvern Steuergelder und millionenschwere Zuschüsse, ohne zu spielen, dafür aber, um ungestört zu meckern. Ich beruhige meinen frechen Kollegen aus Düsseldorf und brauche eine Pause.

Es klingelt. Schön ist, dass ich zu meinen Nachbarn eine gute Beziehung aufgebaut habe. Da sind Olga und Mark, der eigentlich Alex heißt und Tourmanager ist. Er ist mit Universal Music verbunden und kennt Putin. Sie haben sich eben mein Bügeleisen geliehen. Olga ist eine Freundin von Frau Ahlbeck. Und vorhin haben mich die Damen von gegenüber angesprochen, deren Männer hier die Villen renovieren. Sie wollen Autogramme. Es klopft wieder. Jetzt haben alle Wind davon bekommen, dass ich ansprechbar bin. Wahrscheinlich dachten alle, ich rede nicht viel. Dabei habe ich zwischendurch immer geredet, nur leise. Eine Großmutter kommt mit ihrem Enkel und zwei kleinen Mädchen, die mir hinter dem Rücken der Oma die Zunge herausstrecken. Es werden Fotos gemacht und ich verteile Alarmanlagenprospekte und Visitenkarten.

Es fällt mir leicht, mich zu erinnern. Wenn es mir manchmal so vorkommt, als ob ich nicht mehr alle Tassen im Schrank habe bei all dem Erinnern, esse ich ein Eis und rufe meinen Mentor Jürgen an, um zu checken, ob er mir am Telefon anmerkt, wie es mir wirklich geht. Es ist schön, die Dinge beim Namen zu nennen.

Ich habe Angst, demnächst meinen neuen Job zu verlieren, weil ich was am Herzen habe.

11. Mai 2021. Es ist Montag, das Scharmützel-Haus ist aufgeräumt, geputzt, all meine Sachen sind zusammengepackt. Ich war noch eine ganze Stunde am See, habe mir die Sonne auf den Kopf brennen und die Hunde im Wasser spielen lassen.

Während der vergangenen Wochen habe ich ein Phänomen bemerkt, das ich „die Zeitmaschine" nenne. Bei mir kann es noch so eng werden und viele Dinge gleichzeitig auf mich einprasseln, ich weiß immer, wann ich losfahren muss, damit ich noch fünf andere Sachen erledigen und trotzdem auf den Punkt genau am eigentlichen Ziel ankommen kann. Ich sollte ein Geschäft daraus machen. Man könnte mich buchen und käme dann mit mir als Lotse durch jedes Dickicht in jeder Stadt pünktlich überallhin. Diese erfreuliche Entwicklung ist sicherlich auch meiner Nüchternheit zu verdanken, sonst würde ich vielleicht unter irgendeiner Brücke hocken und keine Termine mehr auf die Reihe bekommen.

Apropos Nüchternheit. Eine Freundin von Champ und mir hat zwei halbwüchsige Söhne. Einer von beiden züchtet Marihuana im Keller. Als ich ihr meine Alarmanlage vorstelle, zeigt sie mir die bewaldete Pflanzenlicht-Aluminiumhütte im Keller. Ihre Kellerhintertür und die Kellerfenster sind die reinste Einladung für Einbrecher – und sie wohnt in Grunewald! Eine uralte Alarmanlage ist in ihrem Haus verbaut, die sie aber nicht bedienen kann oder will. Sie macht sie einfach nicht an. Deswegen denkt sie jetzt darüber nach, eine Anlage bei mir zu kaufen, gesetzt den Fall, sie findet die Unterlagen, um die alte Anlage zu kündigen. Doch sie kann sich einfach nicht entscheiden, den Ordner mit den Unterlagen zu suchen. Ihr Mann ist über alle Berge und sie ist viel allein. Wir sind befreundet, waren neulich zusammen im Theater, bei einem Stück, in dem es um Scheidung ging. „Wer dem Tod ins Gesicht lacht, wird nicht untergehen", sagt die Protagonistin des Stückes zum Schluss und begräbt ihren Schmerz mit einer Flasche Wodka.

Kuc ruft an. Er hat einen Freund in Bukow, mit dem ich ein Treffen vereinbare. Außerdem möchte er mir seine Schwester vorstellen, die hat ein Haus nebenan.

Gleich packe ich mein Reiseköfferchen und reise aus dem Scharmützelland wieder ab.

12. Mai 2021. Die weltweite Verbreitung des Coronavirus mit ihren verheerenden Folgen hätte nach Ansicht einer von der WHO eingesetzten Expertenkommission vermieden werden können.

Laut Robert Koch-Institut haben wir heute einen neuen Rekord bei Coronaimpfungen in Deutschland: 1,35 Millionen Menschen wurden an einem Tag geimpft. Vollständig Geimpfte und von Covid-19 Genesene können sich wohl schon bald auf bundesweite Erleichterungen in der Coronapandemie freuen.

Wieder zu Hause. Ich bin heute Morgen gut aus den Federn gekommen, sogar gleichzeitig mit meinen beiden Lieblingsmenschen. Mutter, Kind und Vater lachen, was das Zeug hält, weil mal wieder das Badezimmer von allen gleichzeitig belegt wird. Unser Junge lässt seine Mucke laufen, Champ trommelt mit der Zahnbürste die passenden Beats und ich tanze ungehemmt und zur Freude der Hunde einen Twist.

Wir sind dann alle gleichzeitig aus dem Haus und kommen wenige Minuten später gleichzeitig zurück, jeder aus einer anderen Richtung im Kiez. Wie auf Verabredung haben alle drei etwas vergessen: ich die Hundeleinen, Silvester zwei Freistunden und Champ die Absage eines Kunden.

Wir versuchen, das Konzert von eben zu wiederholen, aber unser Nachbar aus dem 4. Stock ist Langschläfer und beginnt, erbärmlich laut zu husten. Wir stehen als Familie am Fenster und trauen uns nicht zu lachen.

Ich mache mit den Hunden einen sportlichen Spaziergang, aber ein starker Wind pfeift um die Häuser. Plötzlich kommt Bewegung in meine Beine. Meine Fußsohlen spornen mich an: „Roll ab beim Laufen, Markus!" Das Laufen macht mir Spaß, ein gutes Tempo, nicht zu schnell, nicht zu langsam. Zurück in der Wohnung kann ich gut gelaunt meine Arbeit im Homeoffice erledigen. Nach zwei Stunden fällt mir die Decke auf den Kopf.

Hinaus in die Welt. Mister Otis steht bereit, doch sein Innenraum ist schmutzig. Beim Bohren hänge ich mir immer diese kleinen Plastiktüten unter die Bohrmaschine – und die mit Bohrstaub gefüllten Tüten vergesse ich manchmal auf der Rückbank. Ich düse zur Tankstelle. Mister Otis wird geduscht, geschrubbt und vom Staub befreit. Der Wagen sieht nun tipptopp aus und ich bin fix und fertig.

Der Verkaufsdruck sitzt mir im Nacken – und warum musste ich gerade heute Mister Otis putzen? Es ist brütend heiß, der erste schöne Maitag in diesem Jahr. Die Coronamaßnahmen werden weiter gelockert. Die Ansteckungszahlen sinken, die Menschen schöpfen Hoffnung. Bei dem kleinen Tabakshop am Lietzensee frage ich auf dem Rückweg nach, ob der Besitzer mittlerweile Interesse hat. Doch der Chef hatte einen Schlaganfall. Heute erwarte ich Antwort vom neuen

Kunden aus Bukow. Ich werde ihm nicht hinterhertelefonieren, er wird sich schon melden.

In Hamburg haben wir eine neue Branch, eine ehemalige Kollegin aus Berlin als Leiterin. Nesrin ist schnell aufgestiegen in der Firma. Da ich neuerdings auch Kunden in Hamburg habe, bin ich froh, sie als Ansprechpartnerin zu haben. Bei meinem Kunden mit dem Tonstudio muss nächste Woche installiert werden. Ich frage bei Nesrin nach. Nach knapp einer Stunde haben wir einen Techniker dafür organisiert.

Mein Kunde aus Bukow hat sich noch nicht gemeldet. Aber Udo, er wollte fragen, wie es mir geht! Es ist meine derzeitige Lieblingsbeschäftigung, darauf ständig mit „Geht so!" zu antworten. Jetzt bin ich wieder zu Hause, die Hunde brauchen eine neue Frisur. Die Wolle ist zu dicht. Meine beiden Hunde haaren nicht. Hunde, die das Fell verlieren, haben auch tatsächlich Fell. Hunde, die kein Fell verlieren, haben Haare. Das ist so ähnlich wie bei Alarmanlagen und ihren Sensoren. Sind wirklich Sensoren verbaut, verliere ich keinen Einbrecher aus dem Blickfeld. Verliere ich hingegen Einbrecher aus dem Blickfeld, sind keine Sensoren verbaut.

Heimlich schreibe ich einen Abschiedsbrief an die Firmenleitung, weil ich mich nach meinem Künstlerberuf sehne. Es fühlt sich gut an, Bestandsaufnahme zu machen, ein bisschen zu klagen, Fragen zu stellen. Ich schicke den Brief nicht ab.

Champ kommt nach Hause, wir lassen den Tag Revue passieren. Als schließlich noch der Junge eintrudelt, sind wir bereit für eine Runde Canasta. Entspannung pur.

13. Mai 2021. Ab 10 Uhr morgens bin ich auf Stand-by. Zwei Berliner Installateure sind auf dem Weg zu meinen Kunden. Ich muss ständig daran denken. Wird alles gut gehen? Haben sie alle Unterlagen dabei? Mein Hirn mutiert zu einem 3-D-Drucker für Alarmschaltungen. Wenn ich wüsste, wohin das alles führt, würde ich kein Buch darüber schreiben. Der Bukower Kunde, von dem ich dachte, dass er auf jeden Fall kauft, sagt ab. Seine Frau möchte keine Fotodetektoren im Innenbereich des Hauses. Sie fühle sich beobachtet. Drei Verkäufe konnte ich trotzdem platzieren, die alle von Kollegen installiert werden.

Ich bin zu Hause und horche auf mein stolperndes Herz. Die kreisenden Gedanken verschwinden, indem ich mir selber eine Anerkennung gebe. Eine SMS von meinem frechen Kollegen flattert rein, ich schiebe sie auf die lange Bank. Apropos Bank: Wie fülle ich mein Bankkonto, falls ich von der Firma gekündigt werde? Der Düsseldorfer klingelt an, ich kann jetzt nicht.

Ich habe keinen Überblick, aber Bock auf Einsicht. Mir ist schwindelig und ich beschließe, einige Termine aus dem Kalender zu streichen. Für das Theaterspielen will ich weiterhin zur Verfügung stehen, doch wegen Covid sind die Theater derzeit geschlossen. Mein bisheriges berufliches Zentrum taucht im Eismeer der Hygieneregelungen unter.

Was schaffe ich heute? Was kann ich erledigen und was bleibt liegen? Das Herzstolpern hält mich nicht davon ab, zum Küchenschrank zu gehen und Schokolade zu essen. Meine Albernheit überwiegt, wobei ich eine gewisse Ahnung entwickle, wie meine Ernährung in Zukunft aussehen sollte. Das Zaubermittel ist Bewegung. Die vielen täglichen Schritte führen auch heute zu einer friedlichen Nacht.

Wenn du in einem Labyrinth feststeckst und ständig wegläufst, weil du dich gejagt fühlst und nicht mehr weißt, ob dieses Gefühl real ist, hast du zwei Möglichkeiten: Erwache aus dem Albtraum oder kämpfe weiter und mach, was ansteht. Ich weiß nicht genau, ob ich gerade zwanghaft meinen Alarmjob durchziehe, nur um mein System aufrechtzuerhalten, oder ob ich auf dem Weg bin, ein nützliches Mitglied der Gesellschaft zu werden. Kannst Du mir bitte sagen, ob ich alles richtigmache? Gib mir ein Zeichen, bitte!

Die Augen soll ich aufmachen beim Beten, steht irgendwo geschrieben. Also Augen auf und warten.

Ich habe heute viel Zeit, bin aber am Telefon, um den Kollegen, die für mich installieren, im Notfall behilflich zu sein. Es passiert tatsächlich einiges, was nicht so witzig ist. Der eine Installateur hat heute in einem Haus, in dem ich verkauft habe, eine fremde Installation geöffnet. Der Arme musste dann gegen Ende alles neu starten. Letztendlich kriegen wir alles hin. Ich zu Hause an meinem Rechner, er auf der Baustelle. Und dann bin ich mit meinen Gedanken auch noch beim Theater. Um 15 Uhr beginnt die Zoom-Konferenz mit dem Ensemble. Die Kollegen sind in alle Himmelsrichtungen zerstreut. Teneriffa, Berlin, München, Bonn – von einem weiß ich gar nicht, wo er ist. Unser Chef Robbie aus Düsseldorf meint, es sei noch unklar, ob das Theater im Juni oder Juli 2021 öffnen darf oder nicht. Am Montag hatte er die Ankündigung für unser Stück von der Theaterhomepage genommen beziehungsweise verkündet, dass das Stück verschoben wird. Ich möchte nicht mehr kämpfen um jede Rolle oder mich über langweilige Rollenangebote ärgern.

Mein frecher Kollege aus Düsseldorf möchte wissen, ob ich als Kind einen kompetenten Schwimmlehrer hatte. „Markus, wenn die nächste Welle nicht zu uns herüberschwappt mit den Mutationen aus Indien, kann ich wieder Schwimmunterricht geben. Was meinst du, sind wir über den Berg? Markus, sag doch mal etwas." Ich weiß noch nicht, was ich ihm antworte. Ich glaube, er ist verrückt. Herrlich verrückt, das sind wir beide. Wir wollen spielen, spielen, spielen. Sogar ich mit meinem Handwerkerjob möchte eigentlich nur spielen, möchte spielend leicht installieren.

Und ich möchte viel schlafen.

Stattdessen mache ich meine Buchhaltung. Sobald ich mich sinnvoll beschäftige, schalte ich meine negativen Gedanken aus. Trotzdem muss ich heute Nacht gegen 3 Uhr in der Früh das Herz fest in den Körper pressen, damit es mir nicht rausspringt. Irgendwas stimmt nicht mit mir. Ganz langsam intonieren die Saboteure in meinem Hirn die Sätze:

> *O welche Lust, in freier Luft*
> *Den Atem leicht zu heben!*
> *Nur hier, nur hier ist Leben!*
> *Der Kerker eine Gruft.*

Wir wollen mit Vertrauen
Auf Gottes Hilfe bauen!
Die Hoffnung flüstert sanft mir zu:
Wir werden frei, wir finden Ruh.

O Himmel! Rettung! Welch ein Glück!
O Freiheit! Kehrst du zurück?

(Gefangenenchor aus Ludwig van Beethovens „Fidelio")

14. Mai 2021. Deutschland hat einen neuen Impfrekord aufgestellt. Nach Angaben des Robert Koch-Instituts wurden vor zwei Tagen 1,353 Millionen Impfdosen verabreicht.

Als ich bei meiner Firma anfing, war mir klar, dass mein zukünftiges Grundgehalt ausreichen wird, um die Miete zu bezahlen. Mir war nicht klar, dass ich, wenn ich viel arbeite, dieses Gehalt verdreifachen kann. Das übersteigt auch heute meinen Horizont. Ich bin ja froh, dass das so ist, aber ich kann das Geld nicht … Nein, ich bin nicht *so* entspannt, dass ich jetzt freimütig *darüber* berichten könnte. Vielleicht kommt dieser Moment noch.

15. Mai 2021. Mehr als 30 Millionen Menschen in Deutschland sind mindestens einmal geimpft.

Ich glaube, zu einem Leben im Einklang mit Dir gehört auch die Bereitschaft, sein Haus in Ordnung zu halten. Aber immer kurz vor Vollmond merke ich, dass der Anteil meines inneren Parlaments, der alles daransetzt, das eigene Haus in Flammen zu setzen, unser Geld vernichten will. Ich frage Dich und Du bestätigst, was in meinem Traumtagebuch schon seit Jahren immer wieder auftaucht: Ich sollte eine Holding gründen, denn da gibt es viel zu bündeln. Du hast mir ermöglicht, dass ich so vieles bin: Schauspieler, Trainer, Filmproduzent, Drehbuchautor, Regisseur, Moderator, Buchautor und Musiker. Genau, ich frage einmal nach, wie das geht und ob eine derartige Ordnung automatisch zu einer besseren Finanzstabilität führt.

21. Mai 2021. Die Bundesregierung stuft Großbritannien erneut als Virusvariantengebiet ein – wegen der Ausbreitung der zuerst in Indien entdeckten Coronavariante B.1.617, die als besonders ansteckend gilt.

Ansteckung hin, Ansteckung her – ich bin dankbar für die liebevolle Kraft meiner Hunde. Wir sind viel an der frischen Luft, was bekanntlich noch niemandem geschadet hat. Ein Hund oder eine Katze als Freund ersetzt bestimmt keine Beziehung, kann aber helfen, Beziehungen zu wagen. Das sagt auch meine Freundin Jenny Kirchhoff (inzwischen Zilcher), die Botschafterin des Stiftens, wie ich sie gern nenne.

Ihr aktuelles Projekt heißt „2 Füße für 4 Pfoten" und wird mit dem Tierheim Berlin stattfinden. „2 Füße für 4 Pfoten" (2F4P) ist ein Programm für Jugendliche mit Struktur-, Bindungs- und/oder Emotionskontrollproblemen. Durch die intensive dreiwöchige Arbeit mit heimatlosen Hunden werden Werte wie Vertrauen, Verantwortung, Geduld und Empathie geschult und gefördert. Durchhaltevermögen, Steigerung der Frustrationstoleranz und das Gefühl von Erfolg durch den Einsatz positiver Verstärkung sind wichtig für die jugendliche Entwicklung.

Inspiriert durch die Arbeit der Stiftung für Obdachlose in Los Angeles ist das Konzept für Deutschland von der Initiatorin Kerstin Jahn adaptiert worden, nicht zuletzt auch als Beitrag gegen Coronaauswirkungen bei Jugendlichen. „2 Füße für 4 Pfoten" kann auch als eine Schule des Respekts verstanden werden. Die Teilnehmerinnen und Teilnehmer lernen, dass sie respektvoll mit den Tieren umgehen müssen, um erfolgreich sein zu können. Sie müssen auf das Tier wirklich eingehen, was ihre gesamte Beziehungsfähigkeit stärkt und wachsen lässt.

Jenny hat mich heute gebeten, ihr prominenter Botschafter zu werden. Gern bin ich dabei.

25. Mai 2021. Die Deutschen haben wegen der fehlenden Konsum- und Urlaubsmöglichkeiten in der Pandemie so viel Geld beiseitegelegt wie noch nie.

Einer meiner Arbeitskartons, der mit den Schrauben, hat ein Loch. Mit Klebeband ist das schnell repariert. Aber ich werde mir einen Holzkasten besorgen, sonst bin ich bald ein schraubensäender Verrückter, der in fremden Häusern die Spuren eines Eisenmonsters hinterlässt. Zu Hause kann ich jetzt viel mehr reparieren, weil ich mit jedem neuen Werkzeug, das ich auf der Arbeit bekomme, lerne, meine Welt zu verbessern.

30. Mai 2021. Die 7-Tage-Inzidenz liegt nach Daten des Robert Koch-Instituts jetzt in allen Bundesländern unter 50.

31. Mai 2021. Der Bund will den Einbau von Luftfiltern in Klassenräumen jüngerer Schüler fördern. Wegen der Betrugsvorwürfe bei Coronatests plant die Bundesregierung eine Reform der Verordnung.

Ich habe mein Leben auch reformiert, war viel zu lange schräg unterwegs. Als mich Champ im September 2000 ökumenisch heiratet, erzähle ich ihr nicht von meinen vielen kleinen Schusseligkeiten, außer den Steuersünden, die ich schnellstens abarbeite. Meine Wohnung ist blitzeblank und aufgeräumt. So sind die üblichen Singlemänner nicht, denkt Champ. Sie freut sich und stellt mir unseren zukünftigen gemeinsamen Steuerberater vor. Ich rede mir die Welt schön, verzapfe einen finanziellen Unsinn nach dem anderen, verdiene ein Schweinegeld, lebe süchtig, werde abstinent, erlebe Suchtverlagerungen auf allen Ebenen und versuche, mit den Problemen meiner Ahnen abzuschließen ... Übrig geblieben sind Schulden, die ich bis heute versuche, allmählich abzutragen.

06. Juni 2021. Bundesgesundheitsminister Jens Spahn ist nach einem Medienbericht über fragwürdige Vorgänge rund um die massenhafte Beschaffung von minderwertigen Schutzmasken in der Kritik.

Ich bin nicht mehr krankgeschrieben. Die Installationen sind nach wie vor oft schwerfällig und instabil, wie ich von allen Kollegen höre. Updates aus der IT-Zentrale kommen nicht etwa nachts oder nur am Wochenende, sondern tagsüber, während wir installieren. Dann steht alles still, manchmal stundenlang.

09. Juni 2021. Die Corona-Warn-App zeigt nach einem Update auch einen digitalen Impfnachweis an. Das EU-Parlament gibt grünes Licht für ein europaweites Impfzertifikat.

11. Juni 2021. Der Bundestag verlängert die Pandemienotlage von nationaler Tragweite. Begriffe wie Notlage und nationale Tragweite geistern durch unser Leben. Niemand hat sich vor einem Jahr vorstellen können, dass wir in eine solche Situation kommen würden.

Jetzt ist endlich Zeit, die Reserven aufzufüllen, Sonnenlicht zu tanken und noch mehr spazieren zu gehen. Heute sind wir bei der Hundefriseurin Agnieszka, sie hat ein gutes Händchen. Agnieszka schaut streng und erklärt mir, dass wir die Hunde sorgfältiger bürsten müssen. In vier Stunden kann ich sie wieder abholen.

16. Juni 2021. Das Tübinger Unternehmen CureVac berichtet, dass sein eigener Impfstoffkandidat in einer Zwischenanalyse nur eine vorläufige Wirksamkeit von 47 Prozent gegen Covid-19-Erkrankungen erzielt habe.

Gerade ruft mich meine Lieblingskundin aus dem Norden Berlins an, die mir immer von den Problemen mit ihrer Alarmanlage erzählt. Sie redet so schnell, dass ich sie kaum verstehe. Das ist die Dame, bei der ich meinen ersten handfesten Nervenzusammenbruch hatte, nach dem Sturz von der Leiter. Damals wollte sie eigentlich nur einen Schocksensor an der Eingangstür und eine Außenkamera ... Ich fahre heute noch ab und zu bei ihr vorbei, weil sie etwas nachbestellt hat, oder ich hänge etwas um oder repariere etwas. Ich glaube, das ist die einzige Alarmanlage, die ich irgendwie unvollständig hinterlassen habe. Aber sie ist immer sehr lieb zu mir. Heute möchte sie eine weitere Kamera. Soll sie haben, auch wenn wir für solche nachträglichen Verkäufe keine Provision erhalten. Ich bin dankbar für meine Arbeit, aber ein Abschied bahnt sich an.

19. Juni 2021. Die 7-Tage-Inzidenz ist in Deutschland erstmals seit gut neun Monaten mit 9,3 wieder im einstelligen Bereich. Gleichzeitig fiel die Zahl der Covid-19-Patienten auf Intensivstationen zum ersten Mal seit acht Monaten auf unter 1.000.

Mein Arzt will mich heute, nachdem ich am Mittag bei einer Installation aus dem Bücken nicht mehr hochkomme, erneut krankschreiben. Ein klassischer Hexenschuss. Ich mache trotzdem weiter.

26. Juni 2021. Wegen der Ausbreitung der sogenannten Delta-Variante ist die Zahl der Coronaneuinfektionen in Großbritannien auf dem höchsten Stand seit mehr als vier Monaten.

01. Juli 2021. Die WHO meldet erstmals seit zehn Wochen einen Anstieg der Coronaneuinfektionen in Europa.

Mein Kundennetzwerk funktioniert noch. Die Verkäufe sind weniger geworden, aber das Einkommen reicht aus, um allen Verpflichtungen nachzukommen.

02. Juli 2021 Einen Lockdown für Geimpfte wird es laut Kanzleramt nicht geben, vorausgesetzt, die Impfungen wirken.

Mein roter Anorak kommt in die Reinigung – und das ist gut so. Ich liebe ihn so sehr, dass ich die Flecken auf den Seitentaschen lange Zeit übersehen habe. Er ist weit geschnitten wie meine anderen Lieblingskleidungsstücke, aber die sind alle in dunklen, erdigen Farben. Besonders liebe ich meine schwarze Wildlederhose – angeblich habe ich einen sexy Po darin. Doch neulich ist sie im Schritt geplatzt. Da wusste ich, unsere gemeinsame Zeit ist vorbei.

Meine Haare sind wieder zu lang. Sie sehen zwar abgefahren aus, aber ein Zopf steht mir nicht. Wenn mich jemand fragt, warum ich so lange Haare habe, sage ich, dass ich gern demnächst einen der drei Musketiere spielen möchte.

Ich gehe weiter arbeiten, leiste im Team Hilfestellung, verkaufe und erledige am Abend noch die Buchhaltung. Solange ich meinen roten Anorak tragen darf, ist alles in Ordnung.

04. Juli 2021. In Deutschland ist eine Debatte um Geldstrafen für Impftermin-Schwänzer entbrannt.

Ich bin jetzt ein Jahr in der Firma. Unsere Leistungsindikatoren haben sich unter Corona innerhalb eines Jahres verdreifacht. 170 Verkäufer, 850 Sales pro Monat, 1.200 Bookings und über 10.000 Kunden deutschlandweit.

Plötzlich heißt es aus der Zentrale, dass wir diesen Sommer die Video-Marketingkampagne mit mir drehen können. Es werden Termine festgezurrt, aber ich bin mir plötzlich unsicher. Die Wertschätzung meiner Chefs tut mir gut. Innerlich orientiere ich mich jedoch bereits um. Ein vielversprechendes Bewerbungsgespräch bei einer kleineren Berliner Firma macht mir Mut und zeigt mir, dass immer noch etwas anderes geht.

Das sind alles interessante Neuigkeiten, doch das Beste ist, dass unser Stück „Ungeheuer heiß" das Go für München bekommen hat. Wir können im August im Freilichttheater vom Bayerischen Hof spielen. Die Onlineproben gehen nächste Woche los und am 25. Juli sind wir auf der Probebühne.

Mein frecher Kollege aus Düsseldorf schreibt: „Lieber Markus, hoffentlich sehe ich dich bald wieder auf der Theaterbühne. Grüß mir deine geliebten Hunde. Ich biete jetzt auch Schwimmkurse für Haustiere an. Bitte sag Bescheid, ob ihr Bedarf habt."

Gerade erfahre ich: Die Kammerspiele in Hamburg möchten mich ab September haben für das Theaterstück „Der koschere Himmel", an der Seite von Helen Schneider und mit der Stimme von Corinna Harfouch (meine jüdische Mutter, die aus dem Himmel spricht). Die Proben werden parallel zu München laufen – und ich bekomme gerade bestimmt *keinen* Herzinfarkt.

17. Juli 2021. Vor einem Jahr habe ich meine erste Alarmanlage verkauft und heute unterschreibe ich meinen Vertrag für Hamburg. Zu Oscar rufe ich: *„Hollywood!"* „Markus, mach mal!", antwortet mein alter Chef.

Ich werde die Alarmfirma verlassen, es ist besser so. Die Probenzeit am Theater ist intensiv und zeitaufwendig. Eine Tür schließt sich und eine andere öffnet sich. Wer weiß, wo ich in einem halben Jahr bin. Jetzt geht die Reise als Künstler weiter – und vielleicht bin ich sogar etwas ruhiger geworden. Tobi und Utzy geht es gut, der Uhu schweigt, der Familiensteuermann hat das Ruder ergriffen und Deine Taube ist allgegenwärtig. Ich danke Dir.

208 Seiten
broschiert
16,90 [D] / 17,40 [A]
ISBN: 978-3-86470-675-2

Daniela Katzenberger:
Die Mutti-Mafia kann mich mal ... gernhaben

Daniela Katzenberger ist erwachsen geworden. Na gut – so ganz auf pinke Pumps und Extensions verzichten will sie nicht. Aber für die Mutter eines unglaublich süßen kleinen Wirbelwinds stehen dann doch inzwischen andere Dinge ganz weit oben auf der Prio-Liste. Wie erziehe ich richtig? Was soll und darf die Kleine essen und trinken? Wann muss ich trösten und wann schimpfen? Die Fragen, die alle Eltern sich stellen, lassen natürlich auch Daniela nicht kalt. Sie beantwortet sie für sich – und ihre Leser – genauso, wie sie ist: offen, ehrlich, manchmal ein wenig eigensinnig und stets mit einem Augenzwinkern.

PLASSEN VERLAG

224 Seiten
gebunden
9,99 [D] / 10,30 [A]
ISBN: 978-3-86470-540-3

Roberto Blanco:
Von der Seele

Roberto Blanco ist einer der beliebtesten und erfolgreichsten Entertainer der letzten Jahrzehnte. Doch abseits des stets lächelnden Entertainers gibt es noch mehr Roberto Blanco zu entdecken: einen nachdenklichen, sensiblen, extrem gebildeten Mann, der in seinem Leben voller großer Namen sehr viel erlebt hat. „Von der Seele" ist ein Blick zurück auf ein aufregendes und erfülltes Leben, ein Blick mit einem Lächeln im Augenwinkel, voller Dankbarkeit und Demut und mit der Weisheit eines Weltenbummlers. Ein Buch von einem, der mit sich und der Welt im Reinen ist.

304 Seiten
broschiert
9,99 [D] / 10,30 [A]
ISBN: 978-3-86470-493-2

Harald Glööckler:
Fuck you, Brain!

„Ich kann das nicht, ich bin zu schwach, zu dumm, zu arm, zu untalentiert, zu alt!?" Wie viele Träume und Erfolge, wie viel Lebenslust und Luxus sind uns bereits entgangen, weil wir uns das eingeredet haben? Mit vielen Motivations-Tipps aus seinem Leben ruft Unternehmer, Multitalent und Lifestyle-Ikone Harald Glööckler dazu auf, endlich aus dem Gefängnis des Denkens auszubrechen. Zu sein, wer wir sind, und zu tun, was wir gern tun würden. Für den Lebenskünstler ist nichts undenkbar – und mit der neuesten Glööckler-Kreation bald auch nichts für seine Leser!

208 Seiten
broschiert
24,90 [D] / 25,60 [A]
ISBN: 978-3-86470-702-5

Alexander Herrmann: ... und eine Prise Wahnsinn

Der deutsche Spitzenkoch Alexander Herrmann erzählt erstmals aus seinem Leben – und aus seiner Küche. Neben autobiografischen Einblicken führt er die Leser auch an den Alltag in einer Sterneküche heran. Dort unterscheidet sich sein Führungsstil ganz erheblich von dem Kasernenhofton, für den die Branche berüchtigt ist. Bei Herrmann gilt: Fehler dürfen passieren und was zählt, ist Teamgeist. Nun legt er mit diesem Werk nicht nur seine Autobiografie vor, sein Buch ist gleichermaßen ein spannender Ratgeber für alle Manager, die nach neuen Ideen für Motivation und Erfolg suchen.